알면 똑똑해지는 생활문화 속

# 비하인드 스토리

알면 똑똑해지는 생활문화 속
# 비하인드 스토리

EBS 오디오 콘텐츠팀 지음

# 차례

1

# 기묘하고
# 특별한
# 일상과
# 풍습

# 이슬람 일부다처제의
# 숨겨진 이야기

　백수의 왕이라 불리는 사자는 무리 생활을 한다. 보통 10~20마리 정도의 사자들이 모여 무리를 형성하는데, 이 무리를 프라이드(Pride)라고 한다. 그런데 프라이드에 속한 사자 중 장성한 수사자는 한 마리뿐이다. 그를 제외한 다른 사자들은 모두 암사자거나 새끼다. 다시 말해, 사자는 한 마리의 강한 수사자에 많은 암사자가 모이는 일부다처제의 생활을 한다. 동물의 세계에서 하나의 수컷이 여러 암컷을 거느리는 모습은 흔하게 찾아볼 수 있다. 인간들도 마찬가지였다. 인류의 역사를 통틀어 보면 일부일처가 이루어지지 않았던 시기가 훨

썬 더 길다. 물론 오늘날에는 대부분의 나라에서 일부일처제가 확고히 자리를 잡았다. 그런 현대사회에서도 일부다처제가 허용되는 곳이 있다. 아시아, 아프리카, 태평양의 섬들 중 일부 소수 지역에서 볼 수 있는데, 가장 대표적인 예는 이슬람 문화권이다. 이슬람 문화권 사람들은 일부다처제가 진보된 가족관계법이라 말한다. 다른 문화권 사람들의 시각에는 오히려 여성 인권을 떨어뜨리는 것처럼 보여 의아할 수 있는데, 이슬람 사람들은 왜 그렇게 주장하는 것일까?

많은 사람이 이슬람의 일부다처제를 놓고 여성 인권을 무시하는 대표적인 제도로 인식한다. 하지만 이슬람 문화권에서 일부다처제가 시행된 유래를 찾아보면 여성 인권을 무시하는 것만은 아님을 알 수 있다. 이슬람교의 창시자 무함마드(Muhammad, 570?~632)는 약 1400년 전 사람으로, 당시 아랍 지역은 사막의 오아시스를 중심으로 하는 부족사회였다. 부족 간의 전쟁이 끊이지 않던 시기였기에 전쟁에서 죽는 남자들이 많았고, 그에 비례해 많은 여성이 혼자가 되었다. 오늘날에는 여성의 사회 진출이 자유로워 남편이 죽어도 스스로의 힘으로 자기 자신과 아이들이나 부모를 책임질 수 있고, 여의치 않은 경우에는 여러 복지 혜택을 받을 수도 있다. 하지만 당시 사회에서 여성이 혼자 자립해서 살아간다는 것은 거의 불가능했다. 이러한 상황에서 일부다처제가 혼자된 여성들을 보호하고 부양하기 위한 의도였다는 것이 일반적 해석이다. 그뿐만 아니라 이슬람교가 창시되기 전 아랍의 남성들은 제한 없이 얼마든지 아내를 둘 수 있었으나 이슬람교가 4명까지만 둘 수 있다는 제한을 만들었다.

이슬람교의 경전인 코란에 의하면 남편은 아내를 4명까지 둘 수 있고, 아내들을 공평하게 대해야 한다. 첫 번째 부인이 더 존중받는다거나, 본처와 첩으로 나뉘어 차별받는다거나 하지 않아야 한다. 자연스럽게 자식들도 적자와 서자 구분이 없

천사 가브리엘에게 계시를 받는 무함마드(1307)

고, 유산을 상속받을 때도 동일한 권리를 가진다. 그뿐 아니라 여러 명의 아내를 맞으려면 아내마다 각자의 집이 있어야 하고 남편은 모든 아내에게 시간, 돈, 애정, 부부 관계까지도 동일하게 할애해야만 한다. 코란에는 여러 아내를 공평하게 대할 수 없다면 한 여성하고만 결혼하라는 구절이 있다. 이 내용을 통해 코란도 일부다처제보다 일부일처를 권장한다고 볼 수 있다. 다시 말해, 이슬람 사회에서도 일부다처제는 구성원 모두에게 해당되는 것이 아니다. 일부다처제는 모든 아내를 공평하게 대할 수 있는 사람에게만 허용된 제도이다.

실제로 오늘날 대다수의 이슬람 가정은 일부일처다. 이슬람 국가인 사우디아라비아의 통계청 자료를 보면, 2016년 기준으로 20세 이상의 남성 중 여러 아내를 둔 남성의 비율은 8.5퍼센트뿐이다. 연령별로 보면 75세 이상이 33.6퍼센트, 40대는 10.4퍼센트, 30대는 3.2퍼센트의 남성만이 2명 이상의 아내를 두었다.

아내를 공평하게 대하는 것에 관련된 재미있는 이야기가 하나 있다. 최근 코로나19 바이러스의 확산으로 서아시아 지역에서 통행금지령이 시행되었다. 코란에 의하면 모든 아내에게 공평해야 하는데, 여기에는 앞서 언급한 것처럼 시간이나 부부 관계 횟수까지도 포함된다. 그런데 코란과 통행금지령이

상충하자 아내가 여럿인 남편이 어느 아내의 거주지에 머물러야 하는지 이슬람 율법 학자에게 종교적 해석을 요청했다. 이에 대해 학자는 통행금지령이 내려지더라도 모든 아내에게 공평해야 하므로 불가피하게 어느 한 아내의 집에 머물러야 한다면 다른 아내들에게 허락을 받도록 권유했다. 또한 그것을 아내가 수용하지 못할 경우 해당 여성은 이혼을 요구할 수 있다고 언급했다. '공평'의 기준이 엄격하게 적용된다는 것을 알게 해주는 사례다.

이슬람의 일부다처제는 사회적 약자를 보호하기 위해 만들어진 제도였다. 물론 1400여 년 전 만들어진 것이기에 현대사회에는 맞지 않는 부분도 있다. 하지만 최근 경향을 보면 이슬람 사회도 일부다처제에서 일부일처제로 넘어가는 과도기에 있는 것 같다.

참고 자료

「아랍지역의 일부다처제의 조건」(《부산일보》, 1997.12.20) / 「"일부다처 무슬림, '코로나 봉쇄'에도 모든 아내에 공평해야"」(강훈상 글, 《연합뉴스》, 2020.05.12) / 「이슬람교는 일부다처제? 욕심 부리다 '반신불수 저주' 걸린다」(백성호·정희윤 글, 《중앙일보》, 2020.07.08) / 「'부인 4명 허용' 일부다처제 이슬람권… 젊을수록 일부일처 경향」(강훈상 글, 《연합뉴스》, 2016.10.27) / 「"마누라가 2명? 어휴 말도 마세요" 중동 일부다처제에 무슨 일이」(《매경프리미엄》, 2020.06.10)

# 영국에서는 이혼하기 위해 아내를 팔았다

　현대인은 필요한 물건이 있으면 가까운 상점에 가서 구입한다. 화폐가 만들어지기 이전의 물물교환부터 인터넷의 보급 이후 온라인 매매까지 인류는 다양한 상행위를 통해 생존에 필요한 요소들을 충당하거나 추가적인 영리를 추구하며 발전해왔다. 이러한 과정에서 필연적으로 여러 가지 매매 방식이 생겨났다. 그중 구매자가 다수일 때, 가장 높은 가격에 사려는 구매자에게 판매하는 방식이 경매다. 보통은 희소성이 높거나 특수한 물건을 판매할 때 경매를 이용하지만, 과거 영국에서는 특이하게도 이혼할 때 경매를 이용했다. 이혼과 경매

가 무슨 관련이 있기에 이혼 절차가 경매장에서 진행되었던 것일까? 연관성이 전혀 없어 보이는 두 단어의 접점을 알아 보자.

오늘날 우리나라에서 부부가 이혼할 경우, 모든 절차는 법원에서 진행된다. 현대사회에서 이혼과 경매는 전혀 관련이 없는 단어다. 그러나 18세기 영국에서 이혼과 경매는 밀접한 관계가 있었다. 이혼할 때 남편이 아내를 경매에 내놓는 문화가 있었기 때문이다. 현대인의 관점에서는 노예제도나 인신매매 등이 떠오를 정도로 터무니없게 느껴질 것이다. 그러나 18세기에는 여성 인권이라는 개념이 존재하지 않았고, 결혼한 여성은 남편의 재산으로 간주되었다. 이혼을 결심한 남편이 아내를 경매로 처분하는 일은 당시 영국에서 그리 이상한 일이 아니었다.

영국의 역사학자 에드워드 파머 톰슨(Edward Palmer Thompson, 1924~1993)이 저술한 책 『공통의 관습: 전통 대중문화에 대한 연구(Customs in Common: Studies in Traditional Popular Culture)』를 보면, 1750년부터 1850년까지 공식적으로 기록된 아내 경매 건수가 400여 건에 달한다. 비공식적으로 이루어진 매매까지 포함하면 이보다 훨씬 많았을 것으로 추정된다. 현대인의 시선으로는 상당히 부정적으로 보일 수밖에 없는 아내 경매 문

화지만, 학자들은 당시 시대상을 고려하여 다르게 분석하기도
한다.

아내 경매는 가난한 사람들이 이혼을 하기 위한 상징적인
이벤트였다는 것이다. 1753년 영국의 결혼법이 제정되기 전
까지 12세 이상의 남녀는 자유롭게 결혼을 할 수 있었다. 반면
이혼은 굉장히 어려웠는데, 이혼이 가능한 사유도 상당히 제
한적이었을 뿐 아니라 이혼하려면 법원의 소송을 거쳐야 하
므로 많은 비용이 필요했다. 이러한 이혼 비용은 평범한 서민
이 감당할 수 없을 정도의 큰 액수였다. 그래서 이혼을 원하는
서민들이 아내를 판매한다는 편법을 만들어낸 것이다. 실제로
대부분의 경우 아내 경매에서 구매자는 아내의 남자친구였다.
아내 경매는 더 이상 부부 관계를 유지할 수 없는 상태에서 공
개적으로 이혼을 하는 상징적인 행사인 셈이다.

경매는 남편의 주도하에 진행되지만 아내에게는 구매자를
거절할 수 있는 권리가 있고, 애초에 판매되는 것을 거절할 권
리도 있었다. 대부분의 경우 남편과 아내 모두가 이혼을 원하
는 상태로 경매장에 나오므로 여성들도 기꺼이 참여했다는 기
록도 남아 있다. 오늘날 법원에서 진행되는 합의이혼의 절차
들이 과거 18세기 영국에서는 경매장에서 이루어졌다고 볼
수 있다.

그러면 아내 경매 절차는 어떻게 진행되었을까? 미국 잡지 《하퍼스 위클리》 20호에는 영국의 아내 경매를 신기한 관행이라며 소개했다. 작가 미상의 삽화도 실렸는데, 삽화를 보면 한 남자가 아내의 목에 건 밧줄을 잡고 아내에 대해 소개를 하는 듯 보이고 주변에 구경꾼들이 서 있다. 아내는 팔짱을 낀 채 몹시 화난 표정이다. 삽화 제목이 〈영국의 아내 경매〉이므로 노예매매처럼 얼마에 아내를 내놓는다는 것과 아내의 성격 등을 소개했을 것이다. 삽화는 약간 풍자를 섞어 그렸지만, 노예나 가축을 사고팔듯이 아내를 팔고 있는 모습이다. 다른 나라에서 볼 때 영국의 아내 경매는 그저 신기한 관행으로만 여겨진 것이다.

영국의 아내 경매 삽화(작가 미상, 《하퍼스 위클리》 20호, 1876.11)

19세기의 기록에 의하면 영국의 한 남자는 자신의 아내를 경매가 아닌 시장에서 팔기까지 했는데 아내의 장점과 단점을 나열하고 여기에 점수를 매겨 총 50실링에 판다는 내용이다. 경매와 크게 다를 것이 없지만 물건을 팔듯 가격을 매겨 아내를 파는 방식도 당시에는 가능했다. 이렇게 아내의 성향에 맞춰 가격을 매기는 것은 예외적인 일이고 보통은 가축을 팔듯 몸무게로 단가가 매겨졌다. 그래서 최종적으로 결정된 아내의 판매 가격은 몸무게에 따라 다양했다고 한다. 이런 기록으로 볼 때 당시 영국의 여성은 그저 남편의 소유물이나 노예 같은 존재였음을 알 수 있다.

아내 경매는 이혼이 거의 불가능했던 당시 영국 사회에서 이혼을 하기 위해 생겨난 관습이었다. 이러한 문화가 널리 퍼진 이후 한동안 아내 경매가 법으로 인정을 받기도 했다. 아내 경매 문화는 19세기 중반부터 상류층 사람들과 여성운동가들에 의해 강력하게 비판받기 시작했다. 그리고 1857년 부부가 합의하에 이혼할 수 있는 법이 제정되면서 자취를 감추게 된다.

백년해로라는 말이 있다. 부부의 인연을 맺어 함께 평생을 행복하게 산다는 의미다. 그러나 사람은 모두 자라온 환경이 다르고 각자의 가치관도 다르다. 다른 가치관을 가진 두 사람이 만나 평생을 즐겁게 보낸다는 것은 결코 쉬운 일이 아니다. 따라서 의도치 않게 이혼을 할 수밖에 없는 부부도 있다. 영국의 아내 경매는 이혼이 극단적으로 어려웠던 시대가 만든 기이한 문화가 아니었을까.

■ 참고 자료

「영국에서 유행했던 '아내 판매제도'를 아시나요?」(박두원 글, 《매일경제》, 2013.07.23) / 『스캔들 세계사 2』(이주은 지음, 파피에) / 「'빚 대신 아내를'」(《중앙일보》, 1998.09.19) / 「아내를 물건 취급해온 역사, 동서양 다를 바 없었다」(《한겨레》, 2020.08.22)

# 미라와 함께 살아가는 마을

미라(Mirra)는 사람이나 동물의 시체가 썩지 않고 보존된 것으로, 그 생성 과정에 따라 우연히 만들어진 천연 미라와 약품으로 처리한 인공 미라가 있다. 뼈에 가죽만 붙어 있는 미라도 시체일 뿐인데, 옆에 두고 살 수 있을까? 특이하게도 미라와 함께 살아가는 마을이 있다. 무덤이나 박물관에 있어야 할 미라와 함께 살아가는 사람들이 있다니 어찌 된 일일까? 더구나 그 모습이 세계적 잡지인 《라이프》에 실리기까지 했다. 어떤 사연이 있기에 그 마을 사람들은 미라와 사는 것일까?

그 내막을 알려면 중세로 가야 한다. 1647년 이탈리아 프리울리 지역의 벤초네(Venzone) 마을에서 낡은 성당을 보수하고 있었는데, 일꾼들이 실수로 지하 묘지를 부수고 말았다. 일꾼들은 부서진 묘지에서 백골이 나올 것이라고 생각했지만 백골은 없고 미라만 수십 구가 나왔다. 마을 사람들은 어떻게 성당 묘지에서 미라가 나오게 되었는지 원인을 밝히고자 했다. 그 이유는 300여 년 전으로 거슬러 올라가서 찾을 수 있었다. 14세기 유럽을 덮친 흑사병이 벤초네 마을을 휩쓸면서 사망자가 많이 생겨나 마을 공동묘지가 부족했다. 그래서 당시 마을 사람들은 시신 42구를 나무 관에 넣은 뒤 성 미카엘 성당 지하실에 보관했는데, 이것이 성당 보수 작업 도중 미라로 발견된 것이다.

마을 사람들은 시신 42구가 어떤 과정을 거쳐 미라가 되었는지는 알 수 없었다. 그래서 신의 뜻에 의해 조상들이 자신들 곁으로 돌아온 거라 믿고 미라를 정중히 모시기로 한다. 이후 마을 사람들은 미라를 마을의 선조로 받들었다. 마을을 지키기 위해 보내진 수호신 또는 가족이나 연인의 기도로 되살아난 사람들이라고 생각한 것이다.

마을 사람들은 자연스럽게 미라와 차를 마시고 산책을 함께 했을 뿐 아니라 마을에 어려운 일이 있을 때는 미라와 의논하거나 간절히 비는 등 미라를 마을의 최고령 어르신으로 극진히 대우했고, 이런 전통은 1950년까지 이어졌다. 그리고 이런 모습이 1950년 사진을 찍으려고 마을을 찾은 미국인 사진작가 잭 번스(Jack Birns, 1919~2008)의 눈에 띈 것이다.

번스는 길도 닦이지 않은 외딴 산간 마을 벤초네를 찾았다가 한 노인이 미라와 차를 마시는 모습을 보았다. 마을 사람들은 성당에서 살아 있는 사람을 대하듯 미라와 함께 기도하고, 대화를 나누고, 차를 마셨다. 그뿐 아니라 미라와 한집에서 잠도 잤다. 그야말로 미라와 어울려 살아가는 마을 사람들을 본 번스는 이들이 미라와 함께하는 다양한 모습을 카메라에 담아 《타임》과 《라이프》 잡지사에 보냈다. 자신도 미라와 한 컷 찍었음은 물론이다. 미라와 동거하는 마을은 번스 덕분에 세상에 알려지면서 큰 화제를 모았다.

벤초네 마을의 미라는 우리가 흔히 알고 있는 이집트 미라와 달리 아무런 공정을 거치지 않고 생겨난 천연 미라다. 인공미라는 고대 이집트에서 기원전 3000년경부터 기원전 1000년경까지 만들어졌다. 이때 70일에 걸쳐 시체를 깨끗이 씻어 약품으로 처리한 다음 포목으로 단단히 싸매어 무덤에 묻었다. 시체를 미라로 보존하면 죽어서 떠났던 영혼이 다시 돌아와 영생을 얻을 수 있다는 신앙에 따라 왕이나 귀족은 물론 평민 사이에서도 미라 풍습이 성행했다. 이렇게 만든 인공 미라와 벤초네 마을의 천연 미라는 모습이 비슷한데, 몸에 수분이 없고 근육이 줄어들었으며 피부색은 옅은 갈색을 띠었다.

천연 미라가 되려면 여러 조건이 필요하다. 땅속에 황산칼슘 비율이 높고, 미생물이 살 수 없을 정도로 저온이어야 하며, 공기는 완전히 차단된 환경이어야 한다. 벤초네 마을의 천연 미라는 어떤 환경 속에서 만들어졌을까? 미네소타대학 고고학 교수 아서 오프더하이드(Arthur C. Aufderheide)는 벤초네 마을의 경우 시체가 들어 있던 나무 관에 기생하던 톱비씨나 균(Hypha Tombicina)이라는 균사가 미라에 기생하여 육체가 썩는 속도보다 더 빠르게 몸속의 수분을 증발시켜 미라가 되었다고 주장했다.

이렇게 자연적으로 미라가 된 사례는 흔치 않다고 하는데, 우리나라에서도 2019년 천연 미라가 발견되었다. 경북 구미에서 400여 년 전인 조선시대의 문인 고응척(高應陟, 1531~1605)으로 확인된 시신이 온전한 미라 형태로 발견된 것이다. 묘지에서는 시신과 함께 의복과 솜이불, 베개 등이 나왔다. 고응척은 19세에 사마시에 합격해 31세에 문과에 급제한 뒤 함흥향교에서 학생들을 가르치는 교수직에 임했다가 이후 회덕 현감, 예안 현감 등 지방의 수령 벼슬을 두루 거치면서 학문에도 전념하여 학자로서 이름을 높였다.

벤초네 마을 성당 내 유리관에 안치된 미라

　벤초네 마을 사람들은 지금도 미라와 함께 살아갈까? 1976년 마을에 지진이 일어나 미라가 많이 소실되었고, 남은 미라 15구만 유리관에 넣어 보호하고 있다. 미라를 유리관에 넣어서라도 보존하는 것이 나은지 아니면 다시 매장하는 것이 나은지는 판단할 수 없지만, 현대에도 미라는 만들어지고 있다. 구소련에서 블라디미르 레닌(Vladimir Lenin, 1870~1924)의 시신을 미라로 만들어 보존한 이후 중국의 마오쩌둥(毛澤東, 1893~1976), 베트남의 호찌민(胡志明, 1890~1969), 북한에서도 김일성(1912~1994)과 김정일(1942~2011)의 시신을 미라로 만들어 보존하고 있다. 고대 이집트에서 영혼불멸 사상에 따라 미라를 만들었듯이 인공 미라는 결국 영원히 살고 싶은 인간의 욕망이 반영된 결과물이 아닐까.

참고 자료

「The Fungus That Makes Mummies」(《AMUSINGPLANET》, 2017.12.04) / 〈미라와 함께 생활하는 사람들이 있다?〉(서프라이즈, 2020.06.19) / 「경북 구미서 400년 전 추정 고응척 선생 미라 발견」(KBS, 2019.03.10) / 「'서프라이즈' 미라와 차 마시고 산책하는 이탈리아 벤초네 마을 '경악'」(《아시아투데이》, 2015.05.31) / 『이집트에서 보물찾기』(곰돌이 CO 지음, 아이세움) / 『중학생이 알아야 할 사회·과학상식』(이안태 지음, 신원문화사)

# 비행기를 신으로
# 모시는 사람들

어느 날 하늘에서 처음 보는 물체가 떨어지더니 그 안에서 기묘한 예복을 입은 피부색이 하얀 생명체들이 나왔다. 조심스레 안을 들여다보니 신기한 물건이 가득하고 보기만 해도 침이 고이는 맛있는 먹거리가 있다. 이런 상상 속에서나 가능한 일이 실제로 벌어진다면 기분이 어떨까? 남태평양의 한 섬에 사는 부족에게는 이런 일이 실제로 일어났다. 도대체 어떻게 된 일인지 자세히 알아보자.

외부와 완전히 단절된 채 살던 섬사람들은 어느 날 비행기를 타고 온 사람들을 자신들의 조상이 내려준 선물이라고 믿고 종교처럼 숭배하게 된다. 이를 화물 신앙(貨物信仰, Cargo Cult)이라고 한다. 이 세상이 종말을 맞이하고 새로운 세상이 열릴 때 온갖 진귀한 물건을 가득 실은 화물과 조상들이 함께 이 땅에 다시 나타난다고 믿는 것이다. 이런 화물 신앙은 1880년부터 오늘날에 이르기까지 현대문명의 손길이 닿지 않은 남태평양의 멜라네시아, 뉴기니 인근에서 주로 생겨났다. 카고(Cargo)는 영어로 백인이 배로 가져오는 '적하(積荷: 화물을 배나 차에 실음 또는 그 화물)'를 말하는데, 적하는 섬사람들에게는 선망의 대상이었다. 그런데 비행기는 처음 보는 물건이니 신기하게 여길 수 있다 해도 비행기에 탔던 백인들은 피부색만 다르지 생김새는 자신들과 똑같은데 어떻게 이들을 신적인 존재로 보았을까?

19세기 후반부터 남태평양의 섬들은 영국, 프랑스, 독일 등 열강의 식민지가 되었다. 식민지 체제가 정비되자 원주민들은 사회, 경제, 정치적으로 억압받았다. 선교사들은 원주민을 기독교로 개종시키고자 원주민의 토착 문화를 억압하고 서구 문화를 강제했다. 또 기독교로 개종하지 않은 원주민에게는 학교나 의료 서비스를 제공하지 않았다.

그때 존 프럼(John Frum)이라는 미국인이 오세아니아 바누아투 타나(Tanna)라는 섬에 상륙했다. 제2차 세계대전 때 미군

타나섬에 세워진 존 프럼을 기리는 십자가

에 복무한 것으로 여겨지는 그는 원주민들에게 신기한 물건들을 보여주었는데 그중에는 사람 목소리가 나오는 축음기도 있었다. 그는 여느 백인들과 달리 서구 문명을 강요하지 않았다. 그리고 "서구 기독교 문명을 멀리하고 전통 생활로 돌아가면 새로운 시대와 함께 선교사와 백인들이 풍부한 물자와 재산을 그대로 남겨두고 떠날 것이다"는 말을 남기고 다시 돌아오겠다며 섬을 떠났다. 그는 다시 돌아오지 않았지만 원주민들은 그를 따르면 부와 풍요를 가져다준다고 믿으며 숭배했다.

태평양전쟁 중 미군은 뉴헤브리디스제도(New Hebrides: 남태평양 바누아투 지역 군도를 1980년까지 부르던 명칭)에 상륙했다. 타나섬에서 번지던 화물 신앙 숭배자들은 미군의 화력과 하늘에서 떨어지는 공수 물자에 놀랐다. 그리고 프럼이 예언한 대로 되었다면서 프럼을 하늘에서 내려온 메시아로 생각해 그의 가르침을 신앙으로 받들고 정당까지 설립했다. 이 신비주의적 신앙은 오히려 바누아투 원주민들의 자의식을 일깨우는 데 큰 역할을 했다. 더는 총과 대포를 앞세운 유럽인에게 굴복할 필요가 없다는 의식이 생겨난 것이다.

이때 서양인이 가지고 들어온 물건은 당연히 원주민이 난생처음 보는 것이다. 사냥하지 않아도 배를 채울 수 있는 음식, 사람의 소리가 나오는 라디오, 설사가 멈추거나 피부병이 사라지는 신비한 약 등을 보고 원주민은 '카고'는 인간이 노력으로 만들어내는 것이 아니라 신만이 만들 수 있다고 생각했다. 즉 원주민은 일을 하지 않아도 특정 장소에서 어떤 행동을 하면 거대한 새나 바다 괴물이 나타나 신기한 물건들을 놓고 간다고 생각하게 된 것이다.

여기서 거대한 새는 비행기고 거대한 바다 괴물은 배다. 하지만 이런 사실을 몰랐던 원주민은 비행기 착륙을 유도하기 위해 보내는 신호를 비행기가 아니라 신에게 보내는 것으로 여겼다. 그래서 신호만 보내면 신이 물건을 보내준다고 생각했다. 어느 날 외부인들이 타고 왔던 거대한 새와 바다 괴물에 오른 후 사라지자 원주민은 더 이상 진귀한 물건을 얻을 수 없게 되었다. 선교사는 원주민에게 이것은 자기 나라에서 생산된 물자를 비행기가 수송해오는 것뿐이라고 설명했지만 그들은 믿지 않았다. 그리고 열심히 기도하면 신이 다시 카고를 보내줄 것이라고 믿었다. 원주민들은 의식을 치르고 조상이 가져다줄 물건을 보관할 커다란 창고를 지었으며 나무로 커다란 비행기와 배의 모형도 만들었다. 어느 섬에서는 카고를 간절히 기다린 나머지 전통적인 물품을 모두 파괴하고 신이 주기로 한 새 물품을 광신적으로 기다리기도 했다.

화물 신앙은 20세기 중반부터는 사회 인프라 확충, 의무교육 보편화, 관광산업 진흥에 따른 외지인 방문과 대중매체의 보급 등으로 점차 사라졌지만 원시 문화가 보존된 지역에는 아직도 남아 있다. 화물 신앙은 미국의 유명한 물리학자 리처드 파인먼(Richard Feynman, 1918~1988)이 캘리포니아공과대학 졸업식 강연에서 언급하며 일반인에게 알려졌다. 파인만은 철저한 실험 설계를 밟지 않고 과학적 실험의 외양만 흉내 낸 다음 과학적 이론으로 믿는 행태를 화물 신앙에 비유했다.

서양인들이 처음 아메리카를 찾았을 때 아메리카 원주민을 보고 사람인가 아닌가 논쟁을 벌였다고 한다. 우리에게도 이런 경험이 있다. 조선시대에 네덜란드 사람 헨드릭 하멜

(Hendrik Hamel, ?~1692)이 제주 앞바다에 표류하다가 해안에 올라왔을 때 사람들은 피부가 하얀 하멜을 보고 도깨비라 생각했다. 이런 맥락에서 볼 때 문명의 풍족함을 맛본 원주민이 그 풍족함을 잊지 못하고 문명의 도구를 이용해 종교를 만든 화물 신앙도 어느 정도는 이해가 된다.

참고 자료

「카고컬트 신앙의 바누아투」(《아틀라스뉴스》, 2019.05.12) / 카고컬트(『21세기 정치학대사전』, 아카데미아리서치) / 핸드릭 하멜, 두산백과 / 존 프럼, 위키백과

# 12일 간의 연휴 '정초십이지일'은 무슨 날일까?

2021년은 신축년(辛丑年)이고 2022년은 임인년(壬寅年)이다. '신축'과 '임인'은 육십갑자 중 하나인데, 육십갑자란 갑(甲), 을(乙), 병(丙), 정(丁), 무(戊), 기(己), 경(庚), 신(辛), 임(壬), 계(癸)로 이루어진 십간(十干)과 자(子), 축(丑), 인(寅), 묘(卯), 진(辰), 사(巳), 오(午), 미(未), 신(申), 유(酉), 술(戌), 해(亥)로 이루어진 십이지를 순서대로 조합한 것이다. 여기서 십이지(十二支)는 한국 사람들에게 '띠'로 더욱 익숙한데 12가지 동물인 쥐, 소, 호랑이, 토끼, 용, 뱀, 말, 양, 원숭이, 닭, 개, 돼지를 의미한다. 그래서 신축년은 소의 해이고, 임인년은 호랑이 해가 된다. 오늘날 십이지는 사주팔자나 운세를 보는 데 이용되는 정도지만, 과거에는 사람들의 생활과 조금 더 밀접한 관계였다.

연말연시에 새 달력이 나오면 가장 먼저 찾아보는 것이 있다. 새해의 명절과 공휴일이 언제인지, 주말과 연결된 긴 연휴가 있는지 등을 확인하는 것이다. 아무래도 긴 연휴가 생기면 여행이나 휴가 일정을 짜기가 용이하기 때문이다. 그런데 막상 연휴를 지내보면 생각보다 짧게 느껴지기 마련이다. 그럴때면 연휴가 조금 더 길었으면 하고 바라는데 과거에는 연초에 훨씬 긴 연휴가 있었다. 그 연휴가 바로 십이지의 날인 '정

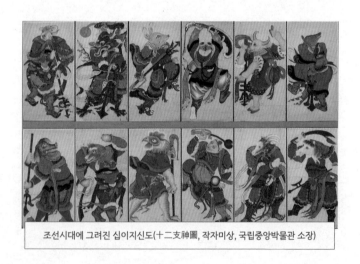

조선시대에 그려진 십이지신도(十二支神圖, 작자미상, 국립중앙박물관 소장)

초십이지일'이다.

정초십이지일은 정월 초하루부터 열이튿날까지의 십이지에 해당하는 열두 동물들의 날이다. 음력 1월 1일부터 12일까지 순서대로 첫 쥐날인 상자일(上子日), 소날 상축일(上丑日), 호랑이(범)날 상인일(上寅日), 토끼날 상묘일(上卯日), 용날 상진일(上辰日), 뱀날 상사일(上巳日), 말날 상오일(上午日), 양날 상미일(上未日), 원숭이(잔나비)날 상신일(上申日), 닭날 상유일(上酉日), 개날 상술일(上戌日), 돼지날 상해일(上亥日)이다. 각각의 십이지일은 해야 할 일과 하지 말아야 할 금기들이 있는 세시풍속이다. 고조선부터 후삼국까지의 역사를 기록한 『삼국유사』의 「기이(紀異)」에 정초십이지일의 풍습이 나오며, 『지봉유설』『동국세시기』등에도 기록으로 남아 있다. 다시 말해 정초십이지일은 삼국시대부터 조선시대까지 이어져 내려온 유서 깊은 풍습이다.

새해 들어서 첫 번째로 맞는 쥐날은 상자일이라 한다. 쥐는 곡식을 축내고 농가에 피해를 주는 동물이기 때문에 상자일에는 논두렁과 밭두렁의 풀을 태워 쥐를 잡았다. 이 행사를 쥐불놀이라 했는데, 쥐를 퇴치할 뿐 아니라 해충들의 알과 유충 등도 같이 제거해 그해 농사가 잘된다고 해서 성행했다. 그리고 이날 옷을 지어 입으면 쥐가 물어뜯어 구멍을 낸다고 하여 아낙네들은 길쌈이나 바느질을 하지 않았다.

그 다음날은 소날, 상축일이다. 농경사회에서 소는 매우 소중한 동물이다. 이날은 소를 위로하고 대접하는 소의 명절로, 소에게 일을 시키면 안 되었다. 그래서 상축일에는 연장을 사용하면 안 되고 만져서도 안 된다. 소의 날에 연장을 사용하면 소에게 좋지 않은 일이 생긴다고 여겼기 때문이다. 여물도 그 전날 미리 준비해놓고, 쇠로 만든 칼이나 농기구도 사용하지 않는다. 도마질이나 방아질 또한 하지 않았다. 또한 소를 대접하는 날이므로 쇠죽을 쑬 때 콩, 싸라기 등 소가 좋아하고 영양가도 많은 것을 넣어 소를 잘 먹인다.

첫 호랑이날인 상인일은 온 가족이 외출을 삼가고 집 안에서 노는 날이다. 이날 일하면 호랑이에게 화를 입을 수 있다고 여겼고, 일하지 않고 잘 놀아야 1년 동안 건강하다고 믿었다. 또한 상인일에는 짐승에 대한 악담도 삼갔다.

상묘일은 토끼의 날로 여자가 조심하는 날이라 하여 여성과 관련된 금기가 많다. 상묘일에는 남자가 여자보다 일찍 일어나 대문을 열었다. 그래야 그해 가운(家運)이 좋다고 여겼다. 그리고 이날 여자들이 남의 집을 방문하면 그 집에 우환이 생긴다고 믿었다.

첫 용날인 상진일에는 '용알뜨기'라는 풍습이 있었다. 첫 용날에는 새벽에 하늘에서 용이 내려와 우물에 알을 풀어놓고 가는데, 이 우물물을 가장 먼저 떠와 밥을 지으면 그해 운이 좋고 풍년이 든다고 여겼다. 그래서 부녀자들은 이른 아침 닭이 울면 앞다투어 물을 길어왔다.

뱀은 부정적인 동물로 여겨졌기에 첫 뱀날인 상사일에는 주로 뱀의 침입을 예방하기 위한 의례를 했다. 뱀의 날에 머리를 감으면 집에 뱀이 들어온다고 믿어 머리를 감지 않았다. 마찬가지로 머리카락을 빗거나 자르거나 버리는 것도 금기시했다.

첫 말날에 장을 담그면 맛이 좋다고 믿어 상오일에는 장을 담그는 풍속이 있었다.

첫 양날인 상미일에는 특이할 만한 민속이 별로 없는데 전라남도에서는 이날 출항을 삼갔고, 제주도에서는 아프더라도 약을 먹지 않는 풍습이 있었다.

첫 원숭이날인 상신일에 전라북도에서는 귀신을 쫓기 위해 남자가 아침 일찍 일어나 부엌과 마당의 네 귀퉁이를 쓸었다. 전라남도에서는 상신일이 좋은 날이라 여겨 음주와 가무를 즐겼다.

첫 닭날에는 여성들이 아무 일도 하지 않고 쉬었다. 상유일에 여성들이 일을 하면 손이 닭발처럼 흉해진다 여겼기 때문이다.

첫 개날인 상술일은 각 지방마다 확연하게 다른 풍습을 가진 날이다. 경기도에서는 개날을 좋지 않은 날로 여겨 바깥출

입을 금했다. 제주도에서는 좋은 날이라 여겨 장을 담기 위한 메주를 쑤었고 반면 경상남도에서는 개날에 장을 담그지 않았다. 전라남도에서는 이날 일을 하면 개가 텃밭의 작물을 해친다고 생각해 일을 하지 않는 날로 여겼다.

마지막으로 첫 돼지날인 상해일에는 콩가루로 세수를 했다. 그렇게 하면 얼굴이 하얘진다고 믿었기 때문이다. 지역에 따라 왕겨나 콩깍지, 팥가루 등을 사용하기도 했다.

새해가 되면 사람들은 한 해의 계획을 세우고 마음가짐을 다잡는다. 새로운 1년이 더 좋은 한 해가 되기를 기원하기 때문이다. 과거 사람들도 마찬가지였을 것이다. 정초십이지일에는 재액을 막고 복을 불러와 한 해를 무탈하게 보내려는 조상들의 마음이 담겨 있다.

참고 자료

정초십이지일, 한국민속대백과사전 / 상자일, 상축일, 상인일, 상묘일, 상진일, 상사일, 상오일, 상미일, 상신일, 상유일, 상술일, 상해일, 한국민속대백과사전 / 『삼국유사』, 한국민속대백과사전 / 「정초십이지일」(《대한민국정책브리핑》, 2018.02.14)

# 가운뎃손가락이 욕이 된 이유

우리 몸 부위 가운데 가장 바쁜 곳은 손일 것이다. 인간은 두 손을 사용함으로써 인류 문명을 발전시켜왔다고 해도 지나친 말이 아니다. 하지만 손가락을 잘못 놀리면 봉변을 당할 수도 있다. 험한 말이 오갈 때 집게손가락을 들어 흔들면 손가락질한다고 기분 나빠한다. 가운뎃손가락은 어떤가? 상대방이 불같이 화를 낼 것이다. 가운뎃손가락을 드는 것만으로 욕이 되기 때문이다. 가운뎃손가락은 어쩌다 이런 불명예를 뒤집어쓰게 되었을까?

우리는 대부분 욕을 말로 하지만 몸짓이나 손짓으로도 욕을 할 수 있다. 상대방에게 주먹감자(감자주먹)를 보이는 것은 많은 나라에서 욕이 된다. 주먹감자라는 명칭은 나라마다 다르지만 프랑스어로 '브라 도뇌르(Bras d'honneur: 영광의 팔)'라고 하니 유럽 쪽에서 이 욕이 시작된 것으로 보인다. 주먹을 쥔 한쪽 팔을 'L'자형으로 구부리고 다른 한 손으로 굽힌 팔의 팔뚝을 잡고 주먹을 힘차게 뻗어 올리는 주먹감자는 에스파냐, 프랑스, 이탈리아, 포르투갈, 라틴아메리카 등지에서 자주 욕으로 사용된다.

주먹감자와 마찬가지로 가운뎃손가락을 올리는 것도 모욕적 표현이다. 하지만 가운뎃손가락을 들어 올리는 것이 원래 욕은 아니었다. 고대 그리스에서 가운뎃손가락을 펴서 가리키는 것은 그 사람이 동성애자라는 것을 의미했을 뿐이다. 더구나 그리스 사람들은 동성애를 인간의 자연스러운 행위 가운데 하나로 받아들였으므로 가운뎃손가락을 펴는 것에 모욕이나 욕설의 의미는 들어 있지 않았다.

그러다 로마시대에 가운뎃손가락이 비로소 모욕을 뜻하게 되는데, 여기에는 처음에는 선정을 베풀었으나 나중에는 포악스럽게 낭비를 일삼아 원성을 산 3대 황제 칼리굴라(Caligula, 재위 37~41)가 관련되어 있다. 칼리굴라의 충성스러운 근위대장 카시우스 카이레아(Cassius Chaerea, BC 12~AD 41)는 평생 결혼하지 않았는데 생김새가 단아하고 목소리까지 가늘었다. 칼리굴라는 이런 카시우스가 손에 입맞춤할 때마다 가운뎃손가락을 펴 보이며 그를 동성애자라고 놀렸다. 그러자 궁궐의 다른 사람들도 따라 하면서 가운뎃손가락을 쭉 펴 보이는 행위가 점점 성적인 모욕의 의미를 갖게 되었다. 그리고 이것이 로마의 세력권이 미치는 곳으로 퍼져나갔다. 칼리굴라는 꼭 그래서는 아니겠지만 결국 카이레아를 비롯한 신하들의 손에 삶을 마감하고 만다.

손가락 욕과 관련해 16세기 독일의 화가 한스 홀바인(Hans Holbein, 1497~1543)은 의미 있는 미술 작품을 남겼다. 사실적인 초상화를 남긴 화가로 평가받는 홀바인은 1521년 〈무덤 속 예수의 시신〉이라는 그림을 그렸다. 그런데 이 그림을 보면 관 속에 누워 있는 예수의 가운뎃손가락이 펴져 있다. 홀바인은 손가락 욕을 했다고 오해받을 수 있는 이런 그림을 왜 그렸을까? 더구나 예수를 그린 미술 작품이 초월적 아름다움을 강조하는 성화(聖畵)여야 했던 그 시절에 말이다.

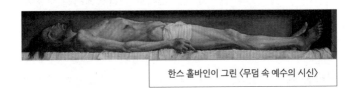

한스 홀바인이 그린 〈무덤 속 예수의 시신〉

16세기에는 마르틴 루터(Martin Luther, 1483~1546)가 주도한 종교개혁이 진행되었고 홀바인은 그 한복판에 있었다. 그러니 그의 삶뿐 아니라 그림도 종교개혁과 무관할 수 없었을 것이다. 게다가 홀바인은 교회를 비판하는 그림을 거침없이 그리다가 밥줄이 끊기기도 했다.

사실 손가락이나 손을 들어 올리는 행위는 나라마다 의미가 다르다. 보통 손바닥을 바깥쪽으로 해서 검지와 중지로 브이를 나타내면 미국, 오스트레일리아 등에서는 승리를 뜻한다. 하지만 그리스 등에서 손바닥을 몸 쪽으로 하고 두 손가락으로 만든 브이는 여성의 성기를 상징한다고 보아 욕이 된다. 서아시아에서는 엄지를 세우는 나름의 방식으로 욕을 하니 엄지척을 칭찬으로 받아들이면 안 된다. 가운뎃손가락을 올리는 행위는 미국에서는 가장 일반적으로 사용하는 모욕적인 제스처이지만 일본에서는 한판 붙자는 의미가 더 강하다. 검지와 엄지 끝을 붙여 원을 만드는 것은 미국에서는 OK 우리나라에서는 OK나 돈을 뜻하지만, 프랑스에서는 '당신은 쓸모없는 인간이다'라는 모욕적인 의미로 쓰이고 브라질에서는 항문을 뜻해서 욕이 된다.

우리나라에는 예부터 '꼴뚜기질'이 있었다. 바로 가운뎃손가락을 세워 욕을 하는 것이다. 대부분 욕이 성(性)과 관련되어 있듯이 꼴뚜기질의 가운뎃손가락은 남성의 성기를 가리킨다. 그런데 이것을 왜 '꼴뚜기질'이라 했을까? 남성 성기의 머리 부분이 낙지나 꼴뚜기의 머리 모양과 비슷해서일까? 여하튼 인간이 말 이외에 몸짓으로 의사표시를 하는 것은 다양성의 측면으로 볼 수 있지만, 그 의미를 정확히 모르면 뜻하지 않게 창피를 당할 수 있다. 어떤 나라에서는 일상에서 좋은 뜻으로 쓰이는 제스처가 다른 나라에서는 욕이 되는 일도 있으니 말이다.

**참고 자료**

「가운뎃손가락은 왜 욕이 됐을까?」(《널 위한 문화예술》, 2020.07.24) / 『좋은 문장을 쓰기 위한 우리말 풀이사전』(박남일 지음, 서해문집) / 『세 번째 세계』(김채린 지음, 새물결플러스) / 「가운뎃손가락을 쫙 펴라?」(《스포츠경향》, 2006.10.11) / 「가운뎃손가락 욕에 대한 오해와 진실」(《조선일보》, 2021.01.26) / 백년전쟁, 두산백과 / 가운뎃손가락, 위키백과 / 주먹감자, 위키백과

# 엘리베이터에
# 거울이 설치된 이유

하늘에 닿으려 했던 바벨탑의 전설부터 오늘날 가장 높은 건물인 부르즈 할리파(아랍에미리트 두바이)까지 인류는 계속해서 높고 웅장한 건물을 소망해왔다. 그와 맞물려 과학과 기술의 발전에 힘입어 인구가 폭발적으로 증가한 현대사회에서 도시는 넓이뿐 아니라 높이의 팽창이 필연적이다. 그렇게 하늘을 찌를 듯한 높은 고층 건물은 현대 도시의 상징이 되었다. 도시에 사는 사람들은 고층 아파트에서 자고, 도심의 마천루에서 일하며 하루의 대부분을 지상으로부터 수십 또는 수백 미터 떨어진 공간에서 보낸다. 이렇게 우리가 고층 건물에서 생활할 수 있는 것은 수많은 기술의 발전과 새로운 발명이 뒷받침되었기 때문이다. 그중 우리가 평소에 잘 인식하지 못한 숨은 공로자가 있다. 고층 건물의 높은 층까지 우리를 데려다주는 엘리베이터가 그 주인공이다.

엘리베이터를 사람이나 사물을 수직으로 이동시키는 장치라 정의한다면, 엘리베이터의 역사는 생각보다 더 오래되었다. 도르래의 원리와 인력을 이용해 수직으로 사물을 운반하는 원시적인 엘리베이터는 이미 기원전에 발명되었다. 기원전 230년경 그리스의 수학자이자 과학자였던 아르키메데스(Archimedes, BC 287?~BC 212)가 도르래와 밧줄로 만든 화물용 엘리베이터가 최초로 알려져 있다. 사람이 타는 엘리베이터는 17세기 중반 루이 15세 때 등장한다. 여전히 수동식 엘리베이터였고 왕궁에서만 제한적으로 사용되었지만, 사람이 탑승하는 엘리베이터였다는 데에 의의가 있다. 오랜 시간 동안 엘리베이터가 널리 쓰이지 못한 것은 엘리베이터의 작동에 인간이나 동물의 힘이 필요하다는 점과 안전성을 충분히 확보하지 못했다는 점 때문이다. 그 단점들을 보완하여 현대적인 엘리베이터가 개발된 것은 19세기 와서의 일이다.

현대식 엘리베이터의 개발자는 미국의 발명가이자 사업가인 엘리샤 그레이브스 오티스(Elisha Graves Otis, 1811~1861)다.

뉴욕 만국박람회에서 엘리베이터의 안전장치를 시연하고 있는 오티스

오티스는 1852년 안전장치가 달린 엘리베이터를 최초로 발명하고, 1853년 오티스 엘리베이터 회사를 설립하여 직접 엘리베이터를 제작해 판매하는 사업을 시작한다. 그는 뉴욕에서 열린 만국박람회에서 안전장치가 달린 엘리베이터를 관객들에게 공개하고 직접 엘리베이터의 밧줄을 끊는 시범을 보이며 자신이 개발한 엘리베이터가 안전함을 홍보했다. 엘리베이터

의 밧줄이 끊어지면 안전장치가 작동하여 엘리베이터가 비상 정지하는 모습을 보여준 것이다. 당시 미국은 고층 빌딩 열풍이 불면서 안전하고 실용적인 엘리베이터에 대한 관심이 높아졌다. 이러한 분위기 속에서 오티스가 만든 '안전한' 엘리베이터는 큰 성공을 거두며 널리 보급되었다.

그러나 오티스의 엘리베이터에는 한 가지 문제점이 있었다. 안전장치 덕분에 사고가 날 확률이 현저히 줄어들었지만, 반대로 엘리베이터가 움직이는 속도에 제한이 있었던 것이다. 엘리베이터의 속도가 느리니 이용하는 사람들의 불만이 속출했고, 오티스사는 이 문제를 해결하기 위해 노력했다. 그러나 당시의 기술력으로는 안전과 속도 두 가지를 모두 만족스러운 수준으로 만드는 것이 불가능했다. 문제 해결의 실마리가 보이지 않아 고심하던 중, 한 직원이 발상을 전환하는 아이디어를 내놓았다. 엘리베이터 안에 거울을 설치하는 것이다. 실제로 승객들은 엘리베이터 안의 거울을 보면서 옷매무새와 머리를 정돈했는데, 그러한 행동을 하면서 엘리베이터의 속도에 무감각해졌다. 당연히 불만을 토로하던 사람들의 수도 자연스럽게 줄어들었다. 느린 속도는 불만의 근본적인 원인이 아니었다. 엘리베이터가 목적지에 도달하기까지 발생하는 지루함이 문제였던 것이다. 오늘날에도 엘리베이터의 안과 밖에 거울이 설치되어 있는 모습을 흔히 볼 수 있다. 거울 설치는 160여 년이 지난 지금까지도 효과적인 아이디어인 셈이다.

엘리베이터에 거울을 설치함으로써 얻는 또 다른 효과도 있는데, 심리적 안정감이다. 엘리베이터의 특성상 이용객들은 좁은 공간에 낯선 사람과 함께 있는 경우가 많다. 이때 거울이 있으면 자연스러운 시선 처리가 가능해져 어색함이나 불편함을 줄일 수 있다. 실제 심리학 실험에서도 엘리베이터 안에 거울이 있는 경우 승객들이 더 편안함을 느꼈다고 한다. 그뿐 아니라 엘리베이터 안의 거울은 범죄율을 낮추기도 한다. 심리학적 측면에서 보면 우리의 시선이 스스로를 향하고 있을 때와 향하고 있지 않을 때 행동양식이 달라진다고 한다. 때문에 엘리베이터의 거울을 통해 자신의 모습을 보게 되면 스스로를 의식함으로써 충동적인 범죄 욕구가 억제되고 결과적으로 비도덕적인 행동을 하는 비율이 감소하는 것이다. 비슷한 방법이 우리 사회 이곳저곳에 쓰이고 있는데, 어두운 길을 밝히기 위해 가로등을 설치하거나 불법 쓰레기 투기가 잦은 곳에 거울을 설치하는 것이 그 사례다.

엘리베이터의 발전은 인류의 생활양식을 수직적으로 팽창시키며 현대적인 도시의 발전을 불러왔다. 그렇게 고층 건물에서 생활하게 된 우리는 하루에도 몇 번씩 엘리베이터를 이용한다. 엘리베이터의 거울은 느린 속도에만 집착했다면 나오지 못했을 아이디어다. 엘리베이터에서 거울을 본다면 때로는 발상의 전환이 문제 해결의 실마리가 될 수 있음을 상기해보자.

참고 자료

「엘리베이터 내부 거울은 왜?」(김용석 글, 《전자신문》, 2006.07.07) / 「엘리베이터에는 왜 거울이 많을까」(심재훈 글, 《연합뉴스》, 2006.07.06) / 「엘리베이터 안에 거울이 설치된 이유」(《세계일보》, 2018.03.31) / 「엘리베이터」(이환선 글, 《디지털밸리뉴스》, 2020.02.26) / 「생각을 '수직이동'시킨 엘리베이터 엔지니어, 엘리샤 오티스」(한국기계연구원 블로그, 2012.09.17) / 엘리샤 오티스, 위키백과

# 고대 이집트인은
# 고양이를 신으로 숭배했다

    고령 인구가 늘어나고 혼자 사는 사람들이 많아지면서 반려동물을 키우는 이들도 늘고 있다. 반려동물을 살아 있는 가족과 같이 귀중한 존재로 여기는 사람들을 일컫는 신조어 펫팸족(Petfam族)이란 말도 생겨났다. 펫팸족은 '애완동물'을 뜻하는 영어 'Pet'과 '가족'을 뜻하는 'Family'의 합성어다. 그리고 이들을 겨냥해 '펫산업'이라 할 만큼 관련 시장의 규모도 커졌다. 반려동물이 늘어나는 현상은 비단 우리나라만이 아니라 전 세계에서 그것도 오래전부터 있었다. 반려동물 가운데 대표 격인 고양이는 고대 이집트에서 신으로까지 모셔졌다. 도

고대 이집트신화 속 다산과 풍요의 여신
바스테트는 고양이의 얼굴을 하고 있다.

대체 고양이는 어떤 매력이 있기에 이런 대우를 받는 것일까?

사람들은 반려동물로 개를 먼저 키웠고 지금도 개를 많이 키운다. 그런데 고대 이집트에서는 세계에서 유일하게 고양이를 개보다 먼저 가축화해 집 안에서 길렀다. 당시 이집트에서는 농사를 많이 지었는데 이를 방해하고 식량을 축내는 쥐들을 없애기 위해 고양이를 기른 것이다. '고양이 앞에 쥐'라는 말도 있듯이 고양이는 쥐를 아주 잘 잡았으므로 '바스테트(Bastet: 고양이 얼굴을 한 반인반수의 고대 이집트 여신)'라는 이름으로 추앙까지 받았다.

이집트 사람들은 심지어 고양이를 값비싼 목걸이, 귀걸이, 코걸이로 치장하고 좋은 먹이를 주며 정성껏 모셨다. 고양이를 얼마나 귀하게 여겼는지 불이 나면 불은 끄지 않고 고양이만 지켰으며, 고양이가 죽으면 온 식구가 슬퍼하며 상복을 입었다. 고양이를 우상처럼 숭배할 뿐 아니라 법을 만들어 보호하기까지 했다. 법에서는 고양이를 다치게 하거나 죽이면 무조건 즉시 사형에 처하도록 했다. 사람 목숨이 고양이 손에 달린 셈이다. 귀족들은 고양이가 죽으면 미라로 만들어 화려한 관에 넣고 무덤을 만들기도 했는데, 이때 고양이가 다음 생에서 먹을 쥐까지 넉넉하게 넣어주었다고 한다.

하지만 고대 이집트에서는 이런 고양이 때문에 전쟁에서 진

적이 있다. 기원전 525~기원전 521년 이집트와 전쟁을 앞둔 페르시아 국왕 캄비세스 2세(Cambyses II, 재위 BC 530~BC 522)는 아무도 생각하지 못한 계략으로 이집트를 공격했다. 페르시아군은 이집트 동북부에 있는 펠루시움 항구에서 벌인 전투에서 승기를 잡았는데 그 배경에 고양이가 있었다. 페르시아군은 고양이를 전투 행렬 앞에 세워 공격했고 이집트군은 눈앞의 적을 보고도 싸우지 못했다. 고양이를 죽일 수 없었기 때문이다. 자신들이 숭배하는 고양이 신의 보호를 받기는커녕 오히려 고양이 때문에 전투에서 지다니 아이러니한 일이다.

나라마다 고양이를 대하는 모습이 약간씩 다르다. 우리나라에서는 고양이에 대한 미신과 편견이 있어서 고양이를 함부로 대하면 고양이가 복수한다는 인식도 있었으나 지금은 아니다. 고양이를 좋아하는 인구가 늘면서 그런 인식이 사라졌다. 해마다 9월 9일을 '한국 고양이의 날'로 정했는데, 1년에 하루만이라도 고양이의 생명을 생각해보자는 취지에서 시작되었다. 세계 고양이의 날이 8월 8일인데 반해 우리나라가 9월 9일로 정한 것은 '고양이 목숨은 9개'라는 속담에서 실마리를 얻었다고 한다. 이런 속담은 고양이가 쉽게 죽지 않는 동물로 여겨졌기 때문에 생겨난 것으로 보인다. 그러나 고양이는 그리 오래 살지는 못한다. 고양이의 평균 수명은 15년 내외다.

일본에서는 고양이를 복을 부르는 동물로 여긴다. 그래서 새로 문을 연 가게에서는 많은 손님이 오라고 앞발을 흔드는 고양이상을 계산대에 두는데, 이를 '마네키네코'라 한다. 홍콩과 싱가포르에서는 고양이를 좋게 인식해서 사람들이 많이 키운다. 유럽 사람들도 대체로 고양이를 좋아하는 반면, 인도나 몽골에서는 고양이를 좋지 않게 여긴다. 심지어 중국이나 베트남에서는 고양이 고기를 먹기도 한다.

그런데 사람들은 고양이만 신성한 동물로 여겼을까? 인도에서는 고대는 물론 현재까지도 코끼리를 숭배한다. 힌두교의 신인 가네샤가 코끼리 머리를 하고 있기 때문이다. 힌두교의 상징 같은 흰 소 또한 숭배 대상이다. 이집트에서 따오기는 살아서는 물론 죽어서까지 사람들에게 극진한 대우를 받았는데 초호화판으로 만들어진 무덤도 있다. 일본의 아이누족은 지혜의 여신과 함께 다니기로 유명한 부엉이를 지식의 새로 부르며 사냥의 신으로도 섬겼다. 파푸아뉴기니 사람들은 바다악어를 조상으로 숭배한다. 두꺼비는 서양에서는 마녀의 화신으로 여기지만 우리나라에서는 '업두꺼비'라고 하여 액을 막아주는 길한 동물로 여겼고 잘생긴 자식을 얻으면 '떡두꺼비 같다'고 했다.

르네상스시대 이탈리아를 대표하는 천재적 미술가·과학

자·사상가인 레오나르도 다빈치(Leonardo da Vinci, 1452~1519)가 "고양이는 신이 빚어낸 최고의 걸작품이다"라고 했듯이 고양이는 개나 소 같은 다른 동물보다 왠지 기품이 있어 보인다. 귀여워서 무슨 짓을 해도 미워할 수 없고 먼저 손길을 내밀면 거부하는 듯 도도하게 굴다가 어느새 슬쩍 다가와 몸을 비벼대는 밀당의 고수인 고양이가 어찌 사랑스럽지 않겠는가. 그래서 사람들은 집사를 자처하며 고양이를 모시게 되는 것이리라. 또는 누군가 인간은 외로운 존재라고 했듯이 무언가에 의존하고 싶어하는 마음을 채우려고 동물을 신성화하고 숭배해왔는지도 모른다.

참고 자료

「인간은 왜 '고양이를 모시고 사는 집사'가 됐나」(《경향신문》, 2021.08.15) / 「코끼리 머리를 한 신에게 "복을 주세요" 간절한 기원」(《한국일보》, 2018.09.29) / 「고대 이집트에서는 동물을 신으로 받들어 모셨다」(《천지일보》, 2018.07.18) / 「성스럽다고 여겨지거나 길조로 여겨지는 동물들」(viper의 자연사박물관, 2017.11.10) / 레오나르도 다 빈치, 네이버 캐스트 (인물세계사)

# 감옥에서 탄생한 칫솔

과학과 기술의 발전은 우리의 삶을 질적으로나 양적으로 계속해서 발전시킨다. 지식의 진보와 그에 기반한 새로운 발명품들은 인류가 더욱 풍요롭고 편리한 삶을 살 수 있는 원동력이 되었다. 그뿐 아니라 기술과 의학의 발전은 인간의 수명에도 직접적으로 영향을 미쳤다. 상하수도 시설의 발전, 페니실린의 발견, 혈액형 구분법의 확립 등은 인간의 평균적인 수명을 대폭 늘린 대표적인 진보다. 그런데 아주 단순한 발명품 하나가 그에 못지않을 만큼 인류의 수명 연장에 큰 역할을 했다. 간단하지만 인간에게 꼭 필요한 발명품, 칫솔이다. 게다가 이 칫솔은 감옥에서 탄생했기에 우리의 흥미를 더욱 잡아끈다. 단순하지만 큰 영향력을 가진 칫솔의 비하인드 스토리를 알아보자.

치아가 온전하지 않으면 음식을 잘 씹기 어려워지고 이는 균형 잡힌 영양 섭취를 방해한다. 게다가 손상된 치아는 재생되지 않기에 제대로 치료하지 않으면 계속해서 통증과 건강상의 문제를 일으킨다. 치아 건강이 인간의 수명에 직접적으로 영향을 끼칠 수 있다는 뜻이다. 실제로 현대적인 치아 치료 기술이 정립되기 전에는 치아 건강이 사람의 목숨과 직결되었다. 근대 이전에는 충치가 생기면 문제가 생긴 치아를 뽑는 정도가 최선의 치료였다. 게다가 마취제도 항생제도 없던 시절에는 발치 후유증으로 사망하는 사례도 적지 않았다. 태양왕이라는 별명으로 유명한 프랑스의 루이 14세도 충치 때문에 시행했던 발치의 후유증으로 크게 고생을 했다고 알려져 있다.

치아 건강이 그렇게 중요했기에 인류는 아주 오래전부터 치아를 깨끗하게 관리하기 위해 여러 도구를 사용해왔다. 가장 간단한 형태의 도구는 이쑤시개다. 이쑤시개는 고대 수메르 문명이나 로마제국에서도 사용했다는 기록이 있을 정도로 그 역사가 오래되었다. 원시적인 형태의 칫솔도 비슷하게 오래전부터 쓰였다. 고대 바빌로니아인들과 이집트인들은 가느다란 나뭇가지를 칫솔처럼 사용하여 이를 닦았다. 나뭇가지를 씹

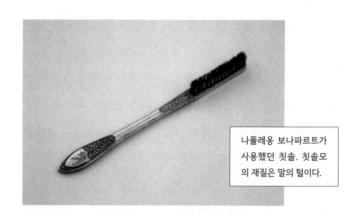

나폴레옹 보나파르트가 사용했던 칫솔. 칫솔모의 재질은 말의 털이다.

어서 생기는 섬유질로 치아와 혀를 닦아낸 것이다. 고대 인도, 중국, 서아시아에서도 사용한 나뭇가지의 종류만 다를 뿐 비슷한 방식으로 양치를 했다는 기록이 남아 있다. 원시적인 형태이긴 해도 칫솔의 역사는 수천 년이 넘은 것이다.

그렇다면 오늘날 우리가 쓰고 있는 것과 비슷한 형태의 솔 달린 칫솔은 언제부터 사용했을까? 솔 달린 칫솔은 일반적으로 15세기 중국에서 유래했다고 알려져 있다. 당시 중국에서는 동물의 뼈나 대나무로 만든 손잡이에 멧돼지의 털을 심어 만든 칫솔을 사용했다. 이 칫솔은 청나라 때 프랑스의 한 전도사가 유럽에 전파하면서 유럽에서도 큰 인기를 얻었다. 그러다 1780년에 현대적인 칫솔이 발명되어 최초로 대량 생산된다. 당시 폭동을 선동한 죄로 감옥에 수감되어 있던 윌리엄 애디스(William Addis, 1734~1808)라는 죄수가 칫솔을 발명했다. 애디스는 식사로 나온 고기의 뼈에 소나 돼지의 털을 붙여 칫솔을 만들었다. 그는 출소 이후 이 칫솔을 제조하는 사업을 시작했고 곧 큰 부자가 되었다. 이때의 칫솔은 그가 감옥에서 만든 것과 유사하게 소의 대퇴부 뼈를 깎아 손잡이를 만들고 끝에 작은 구멍을 뚫어 멧돼지의 털을 고정한 형태였다. 지금 우리가 사용하는 칫솔과 유사한 칫솔이 사업 아이템이 되어 대량 생산하게 된 것이다.

이때까지는 칫솔의 솔이 동물의 털이었다. 그러다가 19세기 프랑스의 세균학자 루이 파스퇴르(Louis Pasteur, 1822~1895)가 병균에 관한 이론을 발표했다. 그리고 당시 쓰이던 동물의 털로 만들어진 칫솔에서 많은 세균이 번식할 수 있음이 알려진다. 이를 보완하기 위해 칫솔모를 나일론으로 만든 현대적인 칫솔이 탄생한다. 1938년 미국의 듀폰사가 개발한 나일론 칫솔은 솔이 잘 빠지지 않고 칫솔모가 흐트러지지도 않으며 물에 젖지도 않았다. 그전까지 사용하던 칫솔의 단점을 잘 보완한 것이다. 이 나일론 칫솔은 가격도 저렴하고 수명도 길어 '기적의 솔'로 불리며 폭발적인 인기를 얻었다. 이후 산업이 발전하면서 조금 더 치아를 효과적으로 닦거나 잇몸에 상처를 내지 않을 만큼 부드러운 칫솔모로 개량되어 오늘날 우리가 사용하는 칫솔로 발전한다. 2007년에는 세상을 바꾼 101가지 발명품에 칫솔이 선정되었고, 통계에 의해 칫솔이 인류의 평균수명을 늘리는 데 큰 역할을 했음이 밝혀지기도 했다. 이제 칫솔은 우리 삶에 없어서는 안 될 중요한 발명품이 된 것이다.

인류는 생활하며 느끼는 여러 불편함들을 없애기 위해 과학과 기술을 발전시켜왔다. 그러한 진보는 보통 꾸준한 노력과 연구를 할 수 있는 환경에서 이루어지지만, 때로는 열악한 환경에서 태어나기도 한다. 감옥에서 만들어진 칫솔처럼 때로는 우리에게 닥친 어려움과 위험이 위대한 발명품을 탄생시키는 원동력이 되기도 한다.

참고 자료

「세계사로 알아보는 칫솔의 역사」(유한덴탈케어 블로그, 2017.07.05) / 「칫솔과 치약」(박세호의 치아 톡 투유, 《영남일보》, 2020.12.11) / 「칫솔·치약의 유래를 아십니까?」(《치의신보》, 2016.08.19) / William Addis, 위키백과 / 「인류의 위대한 발명품, 칫솔」(원지훈 글, 《고양일보》, 2017.04.25)

# 장례문화 속에 남아 있는
# 일본의 잔재

닭볶음탕이라는 요리가 있다. 탕은 국물 요리를 뜻하고 볶음은 국물이 없거나 적은 요리를 의미한다. 그러므로 볶음과 탕이 하나의 요리 이름에 함께 쓰이는 것은 어색하다. 왜 이런 이름이 붙은 것일까? 원래 이 요리의 이름은 닭도리탕인데, 국립국어원은 중간에 삽입된 단어 '도리'가 일본어 토리(鳥, と り)에서 유래했다고 주장하며 우리말로 순화하려 했다. 그 결과 만들어진 대체 용어가 닭볶음탕이다. 그러나 '도리'가 일본어에 기원한다는 명확한 근거가 존재하지 않음이 밝혀지면서 국립국어원의 성급한 판단을 비판하는 여론이 생기기도 했다.

일본의 잔재를 없애는 시대적 분위기에 편승해 근거도 없이 잘 쓰던 단어를 없앴다는 것이다.

1910년부터 1945년까지 약 35년간 지속된 일제강점기는 우리의 문화 속에 많은 흔적을 남겼다. 일제의 잔재는 생활 속에서 흔히 쓰이는 어휘부터 아이들의 놀이, 여러 가지 관습과 행사, 군대나 공무원 등의 집단에서 볼 수 있는 단체 문화까지 우리나라 곳곳에서 볼 수 있다. 장례문화도 예외가 아니다.

이별이 있기에 만남도 있다고는 하지만 가까운 사람의 죽음은 쉽게 받아들이기 힘들다. 그렇기에 인류는 고대부터 죽은 사람을 떠나보내는 의식을 치렀다. 고인을 추억하고 내세를 기원하며 가족과 친구를 떠나보낸 사람들의 슬픔을 위로하는 행사가 바로 장례다. 장례에는 해당 국가와 민족 그리고 종교와 관련된 문화가 아주 잘 녹아 있다.

국화로 둘러싸인 영정 사진, 유족들이 착용하는 완장이나 리본, 삼베 수의 등이 장례식을 대표하는 이미지다. 그러나 우리에게 너무 익숙해서 전통처럼 인식되는 장례문화가 일제 문화의 잔재라는 사실을 아는 사람은 많지 않다. 조선 전기 신숙주(申叔舟, 1417~1475)와 정척(鄭陟, 1390~1475) 등이 오례(五禮)의 예법과 절차에 관해 서술한 책 『국조오례의(國朝五禮儀)』에 따르면 당시에는 생전에 고인이 입었던 옷 중 가장 좋은 옷을

의례준칙으로 강제되기 이전 우리나라의 전통 장례 상여. 일제 강점기 시기지만 삼베옷을 입은 유족들을 볼 수 있다.

수의로 사용했다. 왕은 곤룡포를, 관리는 관복을, 여성은 혼례 복을 수의로 사용한 것이다. 당연하게도 수의의 재료는 삼베 가 아니라 비단이나 명주 등이 쓰였다. 오늘날 일반적으로 사 용되는 삼베옷과는 큰 차이가 있다.

삼베로 수의를 지어 고인에게 입히는 풍습은 일제강점기 때 시작되었다. 1934년 조선총독부가 발표한 의례준칙은 조선의 전통 생활양식 중 각종 의례를 '개선'한다며 일본식으로 바꾸 라고 강권했다. 고인을 위한 수의도 예외가 아니었는데, 비단 과 명주 사용을 금지하고 삼베로 수의를 만들 것을 강제했다.

이것은 우리 선조들을 통제하고 전통문화를 말소하여 정신적인 부분까지도 일본의 지배하에 두고자 하는 일제의 민족문화 말살 정책의 일환이었다. 게다가 당시 일본은 중일전쟁과 태평양전쟁을 앞두고 있었는데, 전쟁에 필요한 물자를 우리나라에서 충당하고자 했다. 장례와 같은 의례에 소비되는 물자를 줄여 더 수월하게 수탈하기 위한 식민 정책이었던 것이다.

수의가 삼베로 바뀌면서 유족이 입는 상복도 바뀌었다. 오늘날 고인이 입는 삼베옷이 원래는 유족이 입던 상복이었다. 삼베옷에는 고인을 떠나보낸 죄인이라는 의미가 있었는데 그렇기에 왕을 잃은 신하나 부모를 여읜 자식이 입었다. 죄인을 상징하는 삼베옷을 고인에게 입히는 것은 아이러니한 일이 아닐 수 없다. 오늘날에는 유가족들이 검은색 정장을 입는다. 서양에서 장례는 엄숙해야 한다며 입었던 검은 옷이 일본에 전해지고, 일제강점기 이후 우리나라에 자리 잡은 것이다.

장례문화에 남아 있는 일제의 잔재는 수의만이 아니다. 유족이 착용하는 완장과 국화로 치장한 영정 사진 등도 일제강점기의 흔적이다. 유족 완장은 삼베와 마찬가지로 의례준칙에 의해 강제된 것이다. 일각에서는 완장이 상주와 문상객을 구분하는 용도이면서 동시에 한국인들의 집회를 막기 위한 도구였다는 분석이 있다. 국화도 우리 전통 장례식에서는 쓰이지 않던 꽃이다. 국화는 우리나라에서는 구하기도 어려웠을뿐더러 일본 왕실을 상징하는 꽃이었다. 한국 전통 장례에서는 종이로 만든 연꽃인 수파련(水波蓮, 수팔련이라고도 함)만을 사용했다.

일제강점기의 잔재는 아직도 우리 문화 속 이곳저곳에 남아 있다. 사소해서 굳이 바꿔야 하나 싶은 것부터 너무 깊이 박혀서 이제는 수정이 불가능해 보이는 것까지 분야를 가리지 않고 존재한다. 세계화시대에 일본의 색채를 하나하나 모두 제거할 필요까지는 없다는 주장도 있다. 그러나 일제강점기 시절 한국 문화를 말살하겠다는 악의를 가지고 만들어진 풍습은 바꿔야 하지 않을까.

참고 자료

「"삼베 수의 일제 잔재… 가장 아끼던 옷 입는 게 전통"」(김영상·이영민 글, 《머니투데이》, 2018.12.31) / 「올바른 장례문화 알아보기! 삼베 수의, 일제강점기의 잔재이다!?」(서울시설공단 블로그, 2019.10.29) / 「"삼베 수의, 유족 완장… 일제 잔재입니다"」(배성재 외 글, 《한국일보》, 2018.12.31) / 「삼베 수의, 유족 완장… 한국 장례문화에 일제 잔재 많다」(전승엽 외 글, 《연합뉴스》, 2017.10.20) / 「삼베 수의, 국화 영정… 전통장례 아니었다, 일제 잔재」(방형수 글, 《중앙일보》, 2018.12.31) / 「국조오례의」, 한국민족문화대백과사전 / 『장례의 역사』(박태호 지음, 서해문집) / 의례준칙, 네이버 한국일생의례사전

LIVING CULTURE

2

기상천외한
인문사회
스토리

# 남자(♂) 여자(♀),
# 성별 기호는 어디서 왔을까?

우리는 생활 속에서 수많은 기호를 사용한다. 예를 들면 컴퓨터로 이메일을 작성해 보내는 간단한 행동을 할 때도 여러 기호를 만난다. 컴퓨터를 켤 때, 동그라미와 세로 막대가 합쳐진 모양의 기호가 그려진 전원 버튼을 누른다. 컴퓨터로 이메일을 쓰면서 줄 바꿈이 필요할 때는 화살표 기호가 적힌 엔터키를 누른다. 이메일 주소를 입력할 때는 흔히 '골뱅이'라고 불리는 @표시를 사용한다. 글을 쓰다가 'and'의 의미가 필요할 때는 앰퍼샌드(&) 기호를 사용한다. 이렇듯 우리는 의미를 함축하여 짧고 직관적으로 나타내기 위해 많은 기호를 만들어 사용한다. 그중 우리가 일상생활에서 가장 자주 접하는 기호는 화장실이나 탈의실 등 남성(♂)과 여성(♀)의 구분이 필요한 곳에서 쓰이는 성별 기호다. 그런데 그 기호의 모양만 보고서는 남성이나 여성이라는 의미를 떠올리기 어렵다. 동그라미에 화살표나 십자가가 붙어 있는 기호들이 왜 남성과 여성을 상징하게 된 것일까?

남성(♂)과 여성(♀)을 상징하는 기호를 성별의 의미로 처음 사용한 사람은 인간을 호모사피엔스라 명명하고, 생물 분류학의 기초를 다진 스웨덴의 식물학자 칼 폰 린네(Carl von Linné,

성별 기호

알렉산데르 로슬린이 그린 칼 폰 린네(1775)

1707~1778)다. 그는 1751년 발표한 논문에서 식물의 암술과 수술을 구분하기 위해 이 성별 기호를 사용했다. 그것이 지금까지 전해져 성별을 구분하는 용도로 널리 쓰이게 된 것이다. 그러나 이 기호를 린네가 만들어낸 것은 아니다. 당시 천문학에서 남성을 뜻하는 기호(♂)는 화성을, 여성을 뜻하는 기호(♀)는 금성을 나타내는 데 쓰이고 있었다. 린네는 천문학에서 쓰이던 이 기호를 동식물의 암수를 구분하기 위해 차용하여 사용한 것이다.

천문학에서 태양계 행성들의 이름은 그리스와 로마신화의 신들의 이름에서 유래했다. 예를 들어 수성(Mercury)은 로마신화의 메르쿠리우스에서 따왔다. 메르쿠리우스는 그리스신화의 전령과 상인의 신인 헤르메스와 동일시되는 신이다. 목성(Jupiter)의 이름은 로마신화의 유피테르, 즉 그리스신화의 하늘의 신인 제우스에서 유래했다. 마찬가지로 화성(Mars)과 금성(Venus)은 로마신화의 마르스와 비너스를 의미한다. 마르스는 전쟁의 신이므로 그를 상징하는 창과 방패 모양을 본떠 화성을 나타내는 기호(♂)가 만들어졌고, 사랑과 미의 여신 비너스의 손거울 모양에서 금성을 뜻하는 기호(♀)가 만들어진 것이다. 이렇게 탄생한 화성과 금성의 기호가 린네에 의해 성별을 나타내게 되었고, 현재까지도 성별 기호로 쓰이고 있다.

일상생활에서 자주 접할 수 있는 다른 기호들도 흥미로운 유래를 가지고 있다. 가전제품의 전원 버튼에 새겨진 기호는 이진법에서 왔다. 동그라미는 숫자 0을, 막대기는 숫자 1을 의미한다. 1은 전기가 들어오는 상태, 0은 전기가 차단된 상태를 나타내며 이 둘을 합쳐 전원 기호가 만들어진 것이다. 또한 이메일 주소에 사용되는 골뱅이표(@)는 영어 단어 at에서, 앰퍼샌드 기호(&)는 '그리고'의 의미를 가진 라틴어 et에서 유래했다.

흥미로운 유래를 가진 기호 중에는 스마트폰의 보급과 함께 어느새 우리에게 익숙해진 블루투스 기호도 있다. 알파벳 B와 비슷하게 생긴 파란색의 �֍ 기호인데, 이 기호는 10세기 덴마크와 노르웨이의 왕이었던 하랄 블로탄(Harald Blåtand, 910?~985?)의 이름에서 유래했다. 블로탄은 푸른 이빨이라는 뜻인데, 그가 평소에 블루베리를 즐겨 먹어 치아가 항상 파란색으로 물들어 있어서 붙여진 이름이다. 블로탄을 영어식으로 번역한 단어가 블루투스(Bluetooth)다.

블루투스 기술을 개발한 기술자는 당시 난립하던 여러 무선통신 규격을 하나로 통합하기를 원했다. 그래서 스칸디나비아를 통일한 강력한 왕 하랄 블로탄의 이름에서 '블루투스'라는 이름을 따왔다. 블루투스를 상징하는 기호 또한 하랄 블로탄의 H와 B에서 유래한다. H와 B를 스칸디나비아형 룬문자로 표기하고, 두 문자를 하나로 합쳐 블루투스 기호가 만들어진 것이다. 블루투스라는 이름과 기호에는 무선 통신 규격을 통합하고자 한 개발자의 포부가 담겨 있다.

우리가 생활 속에서 흔히 볼 수 있는 기호들도 각자 나름대로의 유래와 뜻을 가지고 있다. 무심코 지나치기 쉬운 사소한 것들도 유래를 알고 나면 그 속에 담긴 뜻이 조금 더 의미 있게 느껴질 것이다.

참고 자료

「일상 속 기호, 어떻게 탄생한 걸까?」(선연수 글, 《테크월드》, 2019.03.05) / 칼 폰 린네, 두산백과 / 「태양계 행성 이름의 유래」(《경북매일》, 2010.01.05) / 「전원 버튼, 성별 기호, 블루투스 이름의 유래는 무엇일까?」(서용원 글, 《위키트리》, 2018.06.13)

# 모글리 신드롬

우리가 소설뿐 아니라 영화와 연극, 애니메이션으로도 만나고 있는 늑대 소년 '모글리'는 러디어드 키플링(Rudyard Kipling, 1865~1936)이 1894년 발표한 단편소설 『정글 북』의 주인공이다. 『정글 북』은 작가 키플링이 어린 딸의 행동에서 영향을 받아 쓴 작품이다. 주인공 모글리는 대체 어떤 사연이 있기에 늑대 소년이라 불리면서 오래도록 많은 사람의 관심과 사랑을 받는 것일까? 모글리는 사회현상까지 만들어냈는데, 바로 '모글리 신드롬(Mowgli Syndrome)' 또는 '모글리 현상'이다. 이런 사회현상과 모글리가 어떤 관계가 있는 것인지 그 내막을 알아보자.

『정글 북』의 주인공 모글리는 부모가 정글의 폭군 시어 칸의 공격을 받자 늑대 부부인 라마와 라쿠샤가 사는 동굴로 도망간다. 늑대 부부는 모글리를 키우기로 하지만 시어 칸이 모글리를 공격한다. 모글리는 늑대 형제, 동물 친구들과 힘을 합쳐 시어 칸을 물리친 뒤 마을로 돌아오지만 사람들은 모글리를 늑대 인간이라고 적대시하면서 마을에서 쫓아낸다. 정글로 돌아간 모글리는 정글에서 가정을 이루고 정글을 평화로운 곳으로 만든 다음 다시 인간의 마을로 돌아온다는 이야기다.

이렇게 소설에서는 모글리가 동물들과 화합하고 행복하게 살게 되지만, 우리는 현실에서 아이들이 인간이나 인간 사회와 떨어져 자라는 경우를 '모글리 신드롬'이라고 부른다. 모글리 신드롬은 사람이 사회와 격리된 환경에서 자라면 이후 사회화 교육을 해도 인간과 소통하는 능력을 갖추지 못하는 현상을 말한다. 이 경우 아이들은 서서 걷지 못하는 것은 물론 말로 의사소통을 하지 못한다는 공통적 특징이 있다.

모글리 신드롬 사례는 전 세계적으로 80여 건이 있는데 대표적 사례를 소개하면 다음과 같다. 1996년 나이지리아의 한 숲에서 4세 아이가 발견되었는데, 이 아이는 태어난 지 6개월 만에 부모에게 버려진 후 2년 반 동안 침팬지가 키우고 있었다. 사람들은 아이를 인간 사회로 데려왔지만 아이는 다른 아이들과 다투고 물건을 집어던지며 잘 어울리지 못했다. 인간 사회에서 지내는 동안 아이는 훨씬 차분해졌지만 끝내 말하는 법을 배우지 못했고 2005년 알 수 없는 이유로 세상을 떠나고 말았다.

인도에서는 고아원을 운영하던 미국 출신 조지프 싱(Joseph singh)이 호랑이를 잡으려고 숲속을 탐색하던 중 늑대처럼 행동하는 두 아이에게 공격을 받는다. 이들은 2세와 7세 정도의 여자아이들로 나중에 아말라(Amala)와 카말라(Kamala)라는 이름을 갖게 된다. 그는 두 아이를 구조해 인간 사회로 데려와서 적응 훈련을 시켰지만 아말라는 구출된 지 1년 만에 죽고, 카말라는 유아 정도의 언어를 습득했으나 시름시름 앓다가 구출된 지 9년 만에 죽었다.

아말라, 카말라의 경우와 다른 모글리 신드롬도 있다. 인간 사회에서 그것도 엄마와 같이 살면서 모글리 신드롬을 보여 '러시아 소년 새'라는 별명이 붙은 반야 유딘(Vanya Yudin) 이야기다. 2008년 러시아의 한 마을에서 주민들이 자꾸 이상한 소리가 난다며 경찰에 신고했다. 집 안으로 들어간 경찰이 새집 안에 갇혀 있는 소년을 발견하고 구출하려 하자 소년은 새처럼 경찰의 손을 쪼았을 뿐 아니라 날갯짓하듯 양팔을 움직이고 새가 짹짹거리듯 소리를 냈다. 미혼모였던 엄마는 반야 유딘이 태어나자마자 새장에 가두고 한 번도 말을 걸어주지 않았다고 한다. 보살핌을 제대로 받지 못하고 새와 함께 살았으니 몸은 인간이지만 새와 같이 지저귐만 배웠던 것이다.

1970년에는 미국 캘리포니아주에서 한 여자아이가 벌거벗고 묶인 상태로 발견되었다. 지니(Genie)라는 이 여자아이는 침대에 묶인 채 13세까지 외부와 접촉 없이 아버지의 온갖 학대 속에 살다가 구출된 것이다. 이후 지니는 여러 가지 재활교육을 받으면서 나아진 점도 있으나 언어 분야에서는 교육을 받아도 단어를 몇십 개밖에 구사하지 못했다. 지니는 성인이 되어서도 다른 아이들만큼 언어를 사용하지 못했다. 반야 유딘과 지니의 경우는 아이들이 부모의 손길을 받지 못하고 방치된다면 야생이 아니라도 모글리 신드롬이 발생할 수 있다는 것을 보여준 사례다.

모글리 신드롬에 해당하는 아이들은 야생에서 구조된 뒤 여러 교육을 받는데 그중 언어 능력이 잘 발달하지 않았다. 학자들은 그 이유가 '결정적 시기'를 놓쳤기 때문이라고 하는데, 교육심리학 용어인 '결정적 시기'는 생리적으로 언어와 행동 발달을 좀 더 쉽게 배울 수 있게 결정된 시기를 말한다. 학자들은 모국어가 습득되는 시기인 18개월에서 사춘기 사이를 결정적 시기라고 한다. 하지만 인간의 언어학습에 결정적 시기가 있는지를 두고 학자들 사이에도 의견이 분분하다.

아이들은 보통 엄마의 배 속에 자리 잡으면서부터 부모의 관심과 사랑을 받으면서 성장한다. 그리고 세상에 나오면 부모는 물론 가족의 사랑과 보살핌을 받으며 애착 관계를 형성한다. 부모가 해주는 말소리, 텔레비전이나 라디오에서 나오는 소리, 어른들이 대화하는 소리 등 언어적 자극을 받으며 말을 배우는 기초를 다진다. 그런데 모글리 신드롬을 보이는 아이들은 인간의 말을 하지 못할 뿐 아니라 동물을 부모로 안다. 또 부모가 같은 공간에 있더라도 자신들과 함께 산 동물들과 더 강한 유대 관계를 형성한다. 인간이 사회적 동물이라는 말은 결코 헛말이 아닌 셈이다.

참고 자료

「야생동물에게 길러진 아이들, 모글리 현상이란?」(지금만 들을 수 있는 이야기, 2019.12.11) / 「러시아 경찰, 시베리아에서 야생 소녀 발견」(로이터, 2009.05.27) / 「모글리 아이들의 현상」(《오디세이》, 2016.05.23) / 「언어 학습에 결정적 시기가 있을까?」(연세발달심리연구실, 2013.11.25) / 「'굿닥터', 개소녀는 4가지 실제 사례가 모티브」(MTN, 2013.08.20) / 모글리 신드롬, 위키백과 / 러디어드 키플링, 노벨문학상 작가 열전(헤르만헤세 박물관)

# 좀비는 어떻게 탄생했을까?

　2016년 개봉한 영화 〈부산행〉, 2019년 드라마 〈킹덤〉, 2020년 개봉한 영화 〈반도〉는 모두 한국형 좀비물이다. 좀비 바이러스가 세상을 덮은 상황에서 유일한 안전지대인 부산으로 가는 KTX 열차 안에서 벌어지는 이야기를 다룬 〈부산행〉은 우리나라 최초의 좀비 블록버스터로 한국 좀비 영화 가운데 가장 크게 흥행했다. 시대극인 〈킹덤〉 또한 좀비를 등장시켜 국내에서는 물론 외국에서도 호평을 받았고 〈반도〉도 화끈한 좀비 액션으로 눈길을 끌었다.

　영상물에서 부패한 시체가 걸어 다니는 모습으로 묘사되는 좀비는 원래 외국의 공포영화에 많이 등장했는데, 최근 들어 우리나라 작품에도 많이 나오고 있다. 과연 좀비는 무엇이고 어떻게 생겨나는 것일까? 좀비가 실제로 우리 주변에 나타날 수 있을까?

2012년 미국 마이애미에서 한 남자가 좀비처럼 노숙자에게 달려들어 얼굴 부분을 물어뜯는 엽기적인 사건이 벌어졌다. 주변에 있던 사람들이 말리고 경찰까지 출동해 제지했지만 도 저히 제어되지 않자 경찰은 그 남자를 사살할 수밖에 없었다. 그 뒤에는 루이지애나, 뉴욕은 물론 미국 전역에서 이런 일이 일어났다. 이들이 옷을 제대로 입지 않은 채 짐승처럼 이상한

여러 미디어에서 등장하는 좀비

소리를 내면서 사람만 보면 달려들어 물어뜯으려고 하는 것이 꼭 좀비 같아서 '좀비 사건'이라고 했지만, 사실 그 원인은 마약이었다. 목욕할 때 사용하는 소금같이 생겼다고 하여 '배스솔트(Bath Salt)'라고 하는 이 마약은 복용하면 코카인이나 엑스터시보다 10배 이상 강한 환각효과를 보이며, 몸이 타는 듯한 느낌이 들기 때문에 옷을 벗게 된다고 한다. 이들이 배스솔트를 과용한 결과 좀비처럼 사람을 공격하는 난폭성을 보인 것이다.

다행히 아직까지 실제 좀비가 우리 앞에 나타난 적은 없다. 그런데 언젠가 많은 좀비가 발생하여 인류 대부분이 좀비가 되고 몇몇 인간만이 좀비와 싸우는 '좀비 아포칼립스(좀비의 출현으로 인한 비상사태)'가 지구에서 일어나지 않으리라고 보장할 수 있을까? 좀비가 세상을 지배하는 날이 올지도 모른다는 상상을 한 번쯤 해본 적이 있을 것이다. 적을 알고 나를 알면 백번 싸워도 위태롭지 않다고 하지 않았는가. 좀비에 대해 좀 더 알아보자.

인간의 모습이지만 살아 있는 시체라고 하는 좀비(Zombi, Zombie)라는 말은 어떻게 생겨났을까? 이 말은 '신'을 뜻하는 콩고어 '은잠비(Nzambi)'에서 유래했으며, 서인도제도의 아이티를 비롯한 여러 나라에서 믿는 애니미즘적 민간신앙인 부두교(Voodoo) 의식에서 나왔다. 아이티의 부두교는 16~19세기 아프리카 서부에서 서인도제도로 팔려 온 흑인 노예들이 퍼뜨렸다. 부두교 신자는 전 세계적으로 6000만 명이 넘으며 현재 신자가 많은 곳은 아이티와 미국 남부 루이지애나다.

부두교에서 좀비는 부두교 사제 보커(Bokor)가 인간에게서 영혼을 뽑아낸 존재다. 보커에게 영혼을 뽑힌 사람은 좀비가 되어 노예처럼 보커의 명령에 따른다. 가끔 좀비가 정신이 돌아와 정상인 사람처럼 멀쩡해지기도 하는데 부두교에서는 이를 '본제(Bondye, 착한 신)'가 영혼을 돌려준 것이라고 믿는다.

하버드대학 민속식물학자 웨이드 데이비스(Wade Davis)는 1982년 초 죽었던 사람이 좀비로 되살아났다는 뉴스의 진실

좀비의 실체를 파헤친 민속식물학자 웨이드 데이비스

을 파헤치려고 좀비의 본고장이라고 할 아이티로 갔다. 그는 좀비 독약에 주목하고 위험천만한 과정을 겪으며 독약 제조법을 입수했다. 이 좀비 독약은 말린 두꺼비와 바다 벌레, 도마뱀, 독거미의 일종인 타란툴라 그리고 테트로도톡신(Tetrodotoxin)으로 알려진 치명적인 복어 독을 추가해 만든 혼합물이었다. 이 독극물 혼합물을 이용해 사람을 좀비로 만드는데 그 과정은 다음과 같다. 피부에 독극물을 문지르거나 코로 들이마시게 하면 호흡, 체온 등 대사 활동이 멈춰서 죽은 것처럼 된다. 그러면 누가 보아도 시체 같은 이 사람을 매장했다가 2~3일 뒤 꺼내 '좀비의 오이'라는 독말풀(가짓과의 풀로 씨와 잎에 마취성 독소가 들어 있어 진통제나 수면제 등의 재료로 쓰임)을 먹인다. 이들은 몸은 살아 있지만 사고 기능은 마비된 채 다른 지역에 노예로 팔려간다.

　이렇게 멀쩡한 사람을 좀비로 만드는 데는 나름대로 이유가 있다. 아이티에서 기초 생활 단위인 촌락은 오래전부터 마을을 지킨다는 명분하에 비밀조직의 지배를 받았다. 조직원들은 밤마다 마을을 돌며 파수꾼 역할을 했다. 이 조직에서 죄를 지은 사람에게 가하는 사적 형벌이 바로 죄인을 '좀비로 만드는 것'이라고 한다. 형벌의 일종으로 좀비를 만들었다고 하지만, 노예로 팔았다는 점에서 인신매매와 다를 바 없어 보인다. 결국 좀비의 실체는 살아 있는 시체는 아니었다.

현실 속 좀비는 영화나 상상 속에서 존재하는 좀비와 많이 다르지만, 가끔 좀비같은 사람들을 보기도 한다. 머리를 숙인 채 핸드폰에 집중하며 걸어가는 사람을 보면 좀비와 다르지 않아 보인다. 무사안일에 빠진 채 하루하루를 소비하는 '좀비족'도 있고, 회생 가능성이 별로 크지 않은데도 지원금을 받아서 겨우 수명을 연장하는 '좀비기업'도 있다.

참고 자료

『나는 좀비를 만났다』(웨이드 데이비스 지음, 메디치미디어) / 『환상동물사전』(구사노 다쿠미 지음, 들녘) / 「좀비기업」(《매일경제》, 2015.11.05) / 「좀비 마약 공포… 복용하면 어떻게 되길래?」(《헬스조선》, 2017.11.13) / 「멀쩡한 사람을 '좀비'로 만들다」(《사이언스타임즈》, 2017.02.14) / 좀비, 위키백과

# 사람의 마음을 조종하는
# 컴퓨터바이러스

　스마트폰이 널리 보급되어 우리는 언제 어디서든 인터넷에 접속할 수 있고, 스마트폰의 성능이 더욱 좋아지고 여러 애플리케이션의 개발 덕분에 한 손에 작은 컴퓨터를 들고 다니는 셈이 되었다. 스마트폰 안에는 개인적인 사진이나 지인들의 정보, 나아가 금융 거래 정보 등 중요도가 높은 수많은 정보가 담겨 있다. 필연적으로 이런 정보를 빼내 부당한 이득을 취하려는 범죄자도 늘어났는데 그들이 수단으로 이용하는 것이 컴퓨터바이러스, 보이스피싱, 스미싱 등이다.

　최근에는 가족이나 친지를 사칭하는 메시지를 보내 돈을 송

금하게 하는 수법을 자주 쓰는데, 이는 바이러스나 보이스피싱에 대한 경각심이 높은 사람들을 속이기 위한 것이다. 이미 컴퓨터와 전자기기에 익숙한 현대인들은 평소에도 바이러스의 침투에 대비하고 있고, 모르는 사람이 개인정보를 요청하면 의심을 한다. 하지만 자식들이 급한 일이 생겼다며 돈을 보내달라고 하면 부모이기에 속아 넘어갈 확률이 훨씬 높아진다. 이미 컴퓨터와 인터넷이 보급된 지 수십 년이 지난 지금까지도 그러한 '친근감'을 이용한 해킹 혹은 사기 수법이 성행하는데, 과거에는 어땠을까?

20여 년 전 지구촌을 떠들썩하게 만든 컴퓨터바이러스 사건이 있었다. 이 바이러스는 아시아 은행들의 전산망에 피해를 입히고 유럽의 주요 기관들과 업체에 퍼진 뒤, 미국에까지 확산되었다. 당시 존재하던 다른 바이러스와 비교해 압도적으로 빠르게 전 세계로 퍼져나갔다. 이 컴퓨터바이러스는 어떻게 사람들의 경계심을 무너뜨리고 빠르게 전파될 수 있었을까? 그 원리는 의외로 간단하다. 이 바이러스는 이메일을 통해 전염되었는데, 이메일의 제목은 'I Love You'였고 메일을 클릭하면 '첨부파일을 확인하세요. 당신을 사랑합니다'라는 내용과 함께 첨부파일이 있었다. 첨부파일의 이름도 'Love-Letter-For-You.txt.vbs'였는데, 바로 이 첨부파일을 열면 바이

사람들은 자신에게 호감을 보이는 상대를 잘 의심하지 않는다.

러스에 감염된다. 누군가 나에게 연애편지를 보낸 것처럼 위장하여 사람들의 경계심을 허물어버린 것이다.

이 바이러스가 처음 만들어진 것은 2000년이다. 이때는 이미 컴퓨터와 인터넷이 대중화된 상태였다. 그에 따라 컴퓨터 바이러스의 위험성도 널리 알려져 있었기 때문에 사람들은 광고 메일이나 수상한 메일은 열어보지 않았다. 하지만 사랑한다는 메일을 받은 사람들은 나를 사랑한다는 사람이 자신을 공격할 리 없다고 무심코 생각하고`의심 없이 첨부파일을 다운로드한 것이다. 지금 보면 저런 것에 속는 사람이 있을까 싶을 정도로 단순한 수법이지만, 당시에는 성공적인 방법이었다. 이 바이러스가 성공적으로 퍼진 후 곧이어 유사한 방식의 바이러스가 우후죽순 생겨났다는 점이 그 사실을 뒷받침한다.

이 컴퓨터바이러스를 만든 사람은 필리핀 마닐라에 사는 대학생 오넬 데 구즈만(Onel de Guzman)이다. 당시 필리핀의 인터넷 요금이 상당히 비쌌기 때문에 다른 사람의 인터넷 계정을 알아내어 사용하기 위해 이 바이러스를 퍼뜨렸다고 한다. 그런데 평범한 대학생이 만든 바이러스가 어떻게 그토록 빠르게 퍼질 수 있었을까? 이 바이러스는 마이크로소프트사의 이메일 프로그램인 아웃룩 익스프레스(Outlook Express)의 허점을 이용했다. 바이러스는 컴퓨터에 침투한 후 아웃룩 익스프레스의 이메일 주소록을 찾아내어 그 주소로 바이러스가 담긴 이메일을 다시 보내는 방식을 사용했다. 많은 사람이 아웃룩 익스프레스를 사용하고 있었기에 1시간 만에 12만 대의 컴퓨터를 공격하며 급속도로 퍼져나갈 수 있었다.

여기서 한 가지 의문이 생긴다. 구즈만이 단순히 인터넷을 공짜로 사용하기 위해 만든 바이러스라면 필리핀 안에서만 퍼뜨리면 되는데, 어쩌다가 전 세계로 퍼지게 된 것일까? 처음 이 바이러스를 퍼뜨릴 때에는 필리핀 안에서만 활동하도록 제한이 걸려 있었다. 그런데 구즈만은 문득 이 바이러스가 전 세계로 퍼지면 어떻게 될지 호기심이 생겨 국가 제한을 풀어버린 것이다. 그 결과 이 바이러스는 세계 곳곳의 금융계, 언론계, 의회, 정부 등 업종과 분야를 가리지 않고 무차별적으로 확산되었다. 그뿐 아니라, 이 바이러스를 따라 여러 변종 바이러스까지 등장하면서 그가 전혀 예상하지 못한 만큼의 큰 피해를 입히고 말았다. 하지만 당시 필리핀에 바이러스 유포를 처벌할 법적 근거가 없었기에 구즈만은 수사는 받았지만 처벌받지는 않았다. 필리핀에서는 이 컴퓨터바이러스 사건이 발생하고 불과 두 달 만에 바이러스 유포에 관한 법률을 제정했는데, 이는 당시 이 바이러스가 얼마나 큰 파급력을 가졌는지를 간접적으로 증명해준다. 이 바이러스는 '러브버그'라는 이름으로《타임》지의 표지를 장식하기도 했다.

금융계나 정부 기관의 철통같은 보안이 고작 'I Love You'라는 말 한마디에 무장 해제되었다는 사실이 흥미롭다. 친근감을 이용해 사람들의 경계심을 허물고 범죄를 저지르는 수법은 예나 지금이나 여전히 성행하고 있음을 기억해두자.

참고 자료

「러브버그 바이러스 증상과 대책」(장동준 글, 《전자신문》, 2000.05.08) / 「지구촌 '러브버그' 피해 속출」(《연합뉴스》, 2000.05.06) / 「"러브버그 확산에 MS도 한몫"」(구자룡 글, 《동아일보》, 2000.05.07) / 「'러브버그' 바이러스 급속 확산… 亞·유럽 컴퓨터 큰 피해」(《한경》, 2000.05.05)

# 최초의 프로파일링 사건
# '매드 바머'

　프로파일러는 범죄 사건의 정황이나 범죄 현장에 남아 있는 단서들을 분석하여 용의자의 성격이나 행동 유형 등을 추론해서 수사의 방향을 설정하고 용의자의 범위를 좁히는 범죄심리분석관을 뜻한다. 현대인에게 프로파일러는 생소한 직업이 아니다. 영화, 드라마, 소설 등 각종 매체에서 자주 등장할 뿐 아니라 실제 우리 사회에서 일어나는 여러 범죄 사건의 범인을 추정하는 데 프로파일링 기법이 쓰이기 때문이다.

　우리나라는 2000년 경찰에 범죄행동분석팀을 신설하고 심리학, 사회학 전공자를 특채해 일선에 배치했다. 이들은 연쇄 살인범 강호순의 특징과 행동 유형을 추론했고, 부산 여중생 살해 피의자 김길태의 행동 반경을 예측해 사건 해결에 큰 도움을 주었다. 이렇듯 프로파일링은 현대 범죄 수사의 한 축을 담당하고 있다. 그렇다면 프로파일링이 처음 시작된 시기는 언제일까?

현실에서 프로파일링 기법이 처음 도입된 것은 1957년 '매드 바머(Mad Bomber)'라 불리는 범죄자를 수사할 때였다. 사건의 시작은 1940년 11월 16일로 거슬러 올라간다. 뉴욕 맨해튼에 있는 전력회사 '콘 에디슨사'의 건물 창가에서 수상한 나무상자 하나가 발견된다. 그 상자에는 "콘 에디슨의 악당들에게 이것을 보낸다"고 쓰여 있었고 상자 속에는 파이프 폭탄이 들어 있었다. 그러나 그 폭탄은 조잡하게 만들어진 불발탄이었고, 사건은 가벼운 해프닝으로 취급되며 주목받지 못했다. 이 시기는 유럽에서 제2차 세계대전(1939~1945)이 한창 진행 중이었고 미국이 언제 참전할지 모르는 불안한 상황이라서 불발탄이 발견되는 정도의 사건은 지역신문에조차 실리지 않았다. 그 후 10개월이 지난 1941년 9월 콘 에디슨 본사 근처에서 같은 수제 폭탄이 발견되었지만 이 사건 또한 보도되지 않았는데, 이 폭탄 역시 불발탄이었기 때문이다. 미국이 제2차 세계대전에 참전하게 되던 해 12월 뉴욕 맨해튼 경찰 본부는 이 사

매드 바머의 테러 장소 중 한 곳인 뉴욕 그랜드 센트럴 터미널

건의 테러범이 보낸 편지를 받는다. 전쟁 중에는 폭탄을 만들지 않겠다는 내용이었다. 실제로 전쟁이 끝나기 전까지 아무 일도 일어나지 않았다.

제2차 세계대전이 끝난 후 1950년 3월 폭탄 테러가 발생한다. 세계에서 가장 큰 역 중 하나인 뉴욕 그랜드 센트럴 터미널에 위치한 레스토랑 근방에서 폭탄이 터진 것이다. 다행히 피해자는 없었지만, 이 사건은 연쇄 폭탄 테러의 시작을 알리는 사건이었다. 그 후 1957년까지 극장, 뉴욕 공공 도서관, 버스 터미널, 지하철 내 전화 부스, 화장실 등의 공공장소에서 연달아 폭탄 테러 사건이 발생했다. 적어도 31건의 테러 시도가 있었으며, 그중 22건의 폭탄이 실제로 폭발했다. 다행히 사망자는 발생하지 않았지만, 15명이 부상을 당하며 시민들을 공포로 몰아넣었다. 언론은 이 테러범을 '미친 폭탄마'라는 뜻인 '매드 바머'라 불렀다. 뉴욕시 경찰은 범인의 편지와 현장에서 발견된 폭탄 등을 조사했지만 뚜렷한 단서를 찾아내지 못했다. 경찰은 범인을 잡기 위해 대대적인 수색에 나섰지만 수사는 진척되지 않았고, 여론은 경찰을 비난하기 시작했다.

당시 뉴욕시 경찰서장이었던 존 크로닌은 과거와 같은 수사 방법으로는 범인을 찾아내기 어렵다고 판단해 정신과 의사인 제임스 브러셀(James Arnold Brussel, 1905~1982) 박사에게 자문을 요청한다. 사건 관련 자료들을 분석한 브러셀 박사는 범인의 몇 가지 특징을 찾아냈다. 우선 범인이 수제 폭탄을 만들 정도로 기계에 능숙한 점과 폭파범은 역사적으로 거의 예외 없이 남성이었다는 점에서 범인의 성별을 남성으로 추정했다. 또한 깔끔한 글씨체와 폭발물을 만드는 솜씨를 근거로 범인이 편집증 환자일 가능성이 높다고 보았다. 대개 편집병 증세는 30대 전반까지는 잘 나타나지 않는다는 점, 최초의 범행으로부터 16년이 지난 점에서 범인은 50세 전후의 나이일 것이라고 추론했다. 결과적으로 범인은 품행이 방정하고 모범적인 사람이며 더블 수트를 즐겨 입는 타입이라 생각했다. 그뿐 아니라 범인이 보낸 편지의 문장이 다소 부자연스러웠다는 것을 고려했을 때, 슬라브계 이민자일 가능성이 높으므로 가톨릭 신자일 수 있다고 보았다. 마지막으로 편지에서 오랜 기간 병을 앓고 있다고 밝혔지만, 아직 살아 있는 것으로 보아 결핵이나 심장병을 앓고 있을 것이라는 추정까지 했다. 이렇게 브러셀 박사는 자료 분석만으로 범인의 프로필을 구축해냈다.

얼마 지나지 않아 1957년 1월 21일, 조지 메테스키(George Peter Metesky, 1903~1994)라는 인물이 체포되었다. 그가 체포된 결정적인 원인은 실수 때문이었다. 그가 폭탄 테러를 벌이며 언론에 보낸 편지에서 "나는 콘 에디슨 공장에서 일하다 부상을 당해 불구가 되었다. 사고가 난 날은 1931년 9월 5일이다"라고 자신의 정체가 밝혀질 수 있는 결정적인 단서를 남긴 것이다. 체포된 메테스키는 편집증적 정신분열증 판정을 받고 정신병원에 수감되었다.

메테스키를 체포할 수 있었던 결정적 요인은 그의 실수였지만, 체포 이후 브러셀 박사의 분석과 놀라울 정도로 일치하는 인물임이 밝혀졌다. 메테스키는 폴란드 출신의 이민자이자 가톨릭 신자였다. 53세의 독신 남성이었고 결핵을 앓고 있었을 뿐 아니라, 체포 당시 더블 수트를 입고 있었다. 브러셀 박사의 프로파일링이 정확했던 것이다. 이 사건은 프로파일링이 실제 수사에 이용된 첫 번째 사례가 되었다.

유명한 추리소설 작가 아서 코넌 도일의 「주홍색 연구」에서 탐정 셜록 홈스는 '1,000가지 범죄행위를 시시콜콜한 부분까지 꿰고 있다면 1,001번째 범행의 비밀을 푸는 것은 식은 죽 먹기다'라는 말을 했다. 주인공 셜록 홈스는 소설 속에서 일종의 프로파일링을 하고 있었던 셈이다. 수사의 실마리를 찾기 어려운 '묻지마 범죄'나 현장에 증거를 남기지 않는 지능범이 횡행하는 이 시대에 프로파일링은 우리 사회를 조금 더 안전하게 만들어주는 수단이 될 것이다.

참고 자료

「사건 자료 연관해 분석하면 범인 윤곽·거주지 나와」(《중앙선데이》, 2007.10.14) / 「프로파일러」(이영재 글, 《경인일보》, 2019.10.07) / 「범죄 심리 분석」(이정환 글, 《한경뉴스》, 2010.03.14) / George Metesky, 위키백과 / 프로파일러, 두산백과

# 월화수목금토일은
# 어떻게 만들어졌을까?

한 해가 다 가고 새로운 해가 시작될 때면 새 달력을 책상에 놓으며 새해에는 지금까지와는 다른 삶을 살아보리라 다짐한다. 작심삼일이 될지언정 금연이나 금주 같은 계획도 세운다. 그런데 어떤 달력은 한 주의 시작을 붉은색 일요일부터 하고 어떤 달력은 검은색 월요일부터 한다. 그래서 익숙하지 않은 요일 배열을 보면 헷갈린다. 그리고 일주일은 일요일에 시작되는지 월요일에 시작되는지, 요일 이름은 어떤 과정을 거쳐 붙여졌는지, 어떻게 해서 7일이 일주일이 되었는지 궁금해진다.

우리나라 달력을 살펴보면 월요일보다 일요일이 앞에 있는 것이 더 많다. 그래서 한 주가 일요일부터 시작되는 것 같다. 그런데 한 주를 일요일로 시작한다는 것이 좀 이상하지 않은 가. 한 주의 시작부터 쉰다니 말이다. 자료를 찾아보니 우리나라는 공식적으로 월요일을 한 주의 시작으로 삼고 있다. 또 국제표준화기구(ISO)에서 제정한 '국제표준 ISO 8601' 날짜 및 시각의 표기에서도 월요일을 한 주의 시작으로 규정하여 세계 공통의 약속으로 삼아 놓았다. 그럼에도 전 세계가 똑같이 한 주를 월요일에 시작하지는 않는다. 일본이나 영국은 월요일을 첫째 날로 보지만 미국은 월요일이 둘째 날이다. 금요일이 안식일인 이슬람 문화권에서는 목요일과 금요일이 주말이고, 한 주는 토요일에 시작된다.

한 주를 월요일에 시작하는 것이 세계 표준이라면 우리나라에서는 언제부터 요일을 월화수목금토일이라고 했을까? 우리나라에는 원래 요일 개념이 없었다. 조선은 음력을 사용했을 뿐 아니라 달과 절기를 중심으로 한 해를 살았다. 그런데 1895년 을미사변으로 집권한 김홍집 내각이 을미개혁을 추진하면서 태양력을 도입하여 요일을 사용하게 되었다. 이것은 일본의 요일 명칭을 그대로 따른 것이다. 당시 일본은 이미 서양의 7일 문화를 받아들여 요일 개념이 정착되어 있었는데, 게르만족이 쓰던 Moon, Mars, Mercury, Jupiter, Venus, Saturn, Sun을 한자로 바꾼 것이 월화수목금토일이었다.

그렇다면 일본이 서양에서 받아들인 요일 개념은 어떻게 만들어졌을까? 사실 대부분 요일 이름은 천체, 그리스와 로마신화, 게르만신화와 복잡하게 얽혀 있다. 처음에는 요일을 그리스신화에서 유래한 천체의 이름으로 부르다가 게르만족이 자신들의 문화를 활용해 이름을 바꾸면서 요일의 영어 이름이 달라졌다. 그래서 수요일(Wednesday), 목요일(Thursday), 금요일(Friday)처럼 현대 영어에서 요일 표기가 로마 신들의 이름과 다른 것들이 있다.

달(Moon)의 날인 월요일은 루나(Luna: 로마신화에 등장하는 달의 여신)를 게르만족이 마네(Mane)로 바꾸면서 Monday가 되었다. 화성(Mars)의 날인 화요일은 게르만족이 전쟁의 신인 티르(Tyr)의 이름을 이용하면서 Tuesday가 되었다. 수성(Mercury)의 날인 수요일은 로마인이 머큐리(Mercury)라고 한 것을 게르만신화의 왕 오딘(Odin)의 이름을 따서 Wednesday가 되었는데, 이는 고대 영어 워덴(Waden: 오딘의 다른 이름)의 날이라는 뜻에서 유래했다. 목성(Jupiter)의 날인 목요일은 게르만신화의 천둥과 벼락 신 토르(Thor)에서 가져와 Thursday가 되었다. 금성(Venus)의 날인 금요일은 게르만신화의 사랑 신 프레이야(Freyja)에서 가져와 Friday가 되었다. 토성(Saturn)의 날인 토요

닐스 블로머의 작품 〈남편을 찾는 프레이야〉 속 사랑의 여신 프레이야(1852)

일은 그리스신화에서 농사의 신 새턴(Saturn)에서 이름을 따와 Saturday가 되었다. 해(Sun)의 날인 일요일은 태양의 신 솔(Sol)에서 유래해 Sunday가 되었다.

그렇다면 일주일은 어떻게 해서 7일로 정해졌을까? 여기에는 여러 학설이 있는데, 먼저 고대 바빌로니아인이 7을 신성한 숫자로 생각했기 때문이라고 한다. 또한 유대교 안식일 의식에서 영향을 받았다고도 하고, 달의 변화 간격이 7일이어서 정해졌다고도 한다. 그중 요일 이름을 천체 이름에서 따왔다는 점에서 하늘에 천체가 7개 있어서 7일로 정해졌다는 설이 가장 지지를 받고 있다. 많은 언어권에서 고대 로마인이 고대의 일곱 행성인 태양·달·화성·수성·목성·금성·토성에 따라 붙인 이름을 따랐다는 것이다. 과거에는 태양과 달도 지구를 중심으로 돈다고 보아(천동설) 일곱 개 행성이 지구 주위를 돌며 시간을 관리한다고 여겼다.

동양철학을 근간으로 하는 음양오행에서는 자연의 이치를 음양(일월)과 오행(목화토금수)으로 설명하는데. 이것도 요일 이름과 관계가 있을까? 요일 이름은 서양의 태양력에서 유래했을 뿐 음양오행과 전혀 관련이 없다.

과거에는 천체가 운명을 결정하고 시간을 지배한다고 생각해서 요일을 정할 때 사람이 관측할 수 있는 태양, 달, 수성, 금성, 화성, 목성, 토성을 활용했다. 일주일이 '월화수목금토일'이든 '일월화수목금토'든 우리에게 주어진 시간의 길이는 똑같으니 그 속에서 삶을 충실하고 즐겁게 살면 되지 않을까.

참고 자료

「재미있는 요일별 이름 이야기」(《키즈현대》, 2018.05.29) / 「월화수목금토일, 음양오행(陰陽五行)과 어떤 관련 있을까」(《헬스경향》, 2020.10.27) / 「일주일은 왜 월화수목금토일이라고 불리게 되었을까」(《은근한 잡다한 지식》, 2019.08.06) / 「월화수목금토일? 누가, 어떻게 만들어졌나」(《시선뉴스》, 2015.01.12) / 요일, 위키백과 / 고대의 행성, 위키백과 / 율미개혁, 두산백과

# 몰로토프 칵테일을
# 절대 마셔서는 안 되는 이유

"모히토 가서 몰디브나 한 잔." 2015년 개봉한 영화 〈내부자들〉에 나오는 이 대사가 화제가 되면서 많은 사람이 패러디했다. "몰디브 가서 모히토나 한 잔"이 맞는 말인데 일부러 비틀어 말하면서 더 유명해진 것이다. 모히토는 칵테일의 한 종류다. 칵테일은 위스키, 브랜디, 진 따위의 독한 양주를 적당히 넣은 후 감미료나 방향료 또는 과즙 따위를 얼음과 함께 섞어 마시는 술이다. 때로는 담백하게, 때로는 달콤하게 만들어 마실 수 있는 칵테일은 술을 잘 마시지 못하는 사람도 큰 부담 없이 즐길 수 있다고 하는데, 그중 절대 마시면 안 되는 칵테일도 있다.

위키백과에서 '몰로토프 칵테일(Molotov Cocktail)'을 검색하면 '화염병(火焰甁)' 항목으로 넘어간다. 영어사전에 'Molotov Cocktail'을 넣으면 역시 '화염병'이라고 번역되어 나온다. 몰로토프 칵테일의 정확한 정체를 모르면 당황스러울 수밖에 없다. 화염병이라고 하면 소주병에 휘발유를 넣어 시위할 때 던지던 일종의 '무기'로 알고 있으니 말이다. 화염병은 실제로 터지면서 불길을 일으키는 휘발유나 시너 등을 넣어 만든 유리병이다. 병에 불을 붙여 던지면 병이 깨지고 휘발유 방울 구름이 일어나면서 불이 붙고 남아 있는 연료가 타면서 불이 더 거세진다.

그렇다면 화염병이 어떻게 해서 몰로토프 칵테일로 불리게 되었을까? 제2차 세계대전 때인 1939년 11월 30일 소련은 1935년 핀란드와 맺은 불가침조약을 깨면서 120만 명이나 되는 대군을 이끌고 핀란드를 침공한다. 이를 겨울전쟁이라고 하는데, 이때 소련 폭격기들이 핀란드 수도 헬싱키를 비롯한 주요 도시를 향해 날아가 무차별적으로 폭탄을 투하해 민간인들이 피해를 많이 보았다. 소련군이 큰 폭탄 안에 작은 폭탄이 들어 있는 소이탄 형태의 폭탄을 쏟아부은 것이다. 그러자 미국을 비롯한 전 세계에서 소련군의 민간인 공격을 맹비난

제2차 세계대전 중 독일 병사가 몰로
토프 칵테일에 불을 붙이고 있다.

겨울전쟁 동안 생산된 몰로토
프 칵테일의 외양

했고, 궁지에 몰린 소련은 외교장관 뱌체슬라프 미하일로비치
몰로토프(Vyacheslav Mikhailovich Molotov, 1890~1986)가 소련 국
영라디오방송에 등장해 소련 공군기들은 핀란드에 폭탄이 아
니라 빵을 투하했다고 거짓 선전을 했다.

겨울전쟁이 있기 전인 1936년 에스파냐의 프란시스코 프
랑코(Francisco Franco Bahamonde, 1892~1975)가 공화국 정부를
뒤집어엎으려고 쿠데타를 일으켰는데, 이것이 에스파냐내란
(1936~1939)이다. 이때 독일과 이탈리아는 프랑코를, 소련은
공화국 정부를 지지하며 대립했다. 소련은 탱크를 앞세우고

참전했지만 탱크는 프랑코 군대의 화염병에 맥을 못 추었다. 이 모습을 본 핀란드군은 화염병을 정식 무기로 삼았다. 그리고 소련이 쳐들어오자 소련군 탱크에 화염병 공격을 퍼부어 눈부신 전과를 올린 것이다.

마침 몰로토프가 폭탄을 빵이라고 거짓말하자 핀란드 사람들은 소련군이 퍼부은 폭탄을 '몰로토프 브레드 바스켓(빵 바구니)'이라고 비꼬았다. 그리고 이 빵 바구니를 받은 보답으로 소련군에 저항하기 위해 만든 화염병에 몰로토프의 이름을 붙여 '몰로토프 칵테일'이라고 했다. 몰로토프는 정말 얼토당토않은 거짓말을 한 대가로 화염병의 대명사가 된 것이다. 영어권에서 화염병을 몰로토프 칵테일이라고 그대로 받아들인 것은 화염병을 뜻하는 영어 단어가 없었기 때문이다.

당시 핀란드에서 술을 독점 판매하던 알코(Alko)사에서 만든 화염병 45만여 개와 사제로 만든 10만여 개는 대전차 무기가 없던 핀란드군이 소련군 탱크에 대항하는 데 유용한 무기였다. 소련 탱크의 가솔린엔진은 화염에 취약해서 후미 엔진룸에 화염병 공격을 하면 엔진이 폭발했다. 소련군은 화염병 때문에 탱크 피해가 막심하자 핀란드의 유리병 공장을 폭파해버렸다. 그리고 탱크 엔진으로 디젤엔진을 사용하게 되었다.

소련군은 애초에 핀란드를 얕잡아보고 단기간에 승부를 볼 셈이었지만 그때만 해도 핀란드의 도로망이 엉망이라서 탱크를 앞세우고 진격하는 데 애를 먹었다. 또 몰로토프 칵테일 때문에 탱크 피해가 커진 데다 핀란드 스키부대의 게릴라식 공격에 큰 타격을 입었다. 전투가 이어질수록 핀란드는 물자가 부족해서 애를 먹었고, 소련군도 병력을 증원했지만 전선에 큰 변화가 없자 1940년 3월 두 나라는 평화협정을 맺어 전쟁을 끝낸다.

이로써 재래식 무기였던 몰로토프 칵테일의 임무도 끝났을까? 제2차 세계대전 이후 탱크의 성능이 개량되면서 전장에서 몰로토프 칵테일은 사라졌지만 전 세계 분쟁의 현장에는 화염병이 어김없이 등장하고 있다. 병과 휘발유만 있으면 만들 수 있고 눈에 보이는 효과도 좋기 때문이다. 이 화염병을 우리는 민주화운동 시기에 만난다. 1980~1990년대 대학생들은 독재 타도와 노동권 보장 등을 외치며 시위를 벌였는데, 최루탄을 쏘아대고 곤봉으로 때리는 진압부대에 대항할 마땅한 무기가 없자 화염병이나 돌을 던지며 맞선 것이다.

몰로토프 칵테일과 관련해 재미있는 사실은 몰로토프 칵테일이라는 이름으로 시판된 술이 있다는 것이다. 이 술은 칵테일이 아니라 맥주로 덴마크 맥주회사에서 만들었는데 일반 맥주보다 도수가 높고 맛도 강하다. 또 몰로토프 칵테일이라는 이름이 붙은 칵테일도 실제로 있는데 도수가 강한 편이다. 일상에서는 몰로토프 칵테일과 마주하지 않는 게 좋지만, 술집에서는 한 번쯤 몰로토프 칵테일을 맛보는 것도 흥미로울 듯싶다.

참고 자료

「핀란드 무기였던 '몰로토프 칵테일'」(《문화일보》, 2019.04.01) / 「몰로토프 칵테일」(《한겨레》, 2009.01.27) / 「몰로토프」(《한국일보》, 2017.11.08) / 화염병, 위키백과

# 『옥스퍼드 영어사전』은 '미친 사람'이 만들었다?

2019년 〈말모이〉라는 영화가 개봉되어 많은 이에게 잔잔한 감동을 주었다. 〈말모이〉는 우리말 사용이 금지된 일제강점기에 평범한 사람들이 일제에 항거하며 말과 마음을 모아 『우리말 큰사전』을 편찬한 이야기를 담았다. 2014년 개봉한 일본 영화 〈행복한 사전〉 또한 출판사 사전편집부에서 10년이 넘는 세월 동안 수작업으로 사전을 만드는 주인공의 이야기를 담담하게 그려 특히 책을 만드는 사람들에게 화제가 되었다. 그런데 1,500여 명이 함께 모여 무려 71년에 걸쳐 만든 사전이 있다. 많은 사람이 인간의 문자 역사상 가장 위대한 업적으로 꼽는 『옥스퍼드 영어사전』이 그 주인공이다. 2019년 개봉한 영국판 〈말모이〉 영화 〈프로페서 앤 매드맨〉에서 이 사전을 만드는 과정을 드라마틱하게 그려냈듯이, 사전을 만드는 일은 결코 쉽지 않다. 그런데 그 세월이 71년이라면 얼마나 많은 우여곡절이 있었을까?

19세기 영국은 전 세계로 세력을 뻗쳐 '해가 지지 않는 나라'가 되었지만 문화적으로는 경쟁국인 프랑스, 이탈리아, 에스파냐에 뒤진다는 초조함이 있었다. 그래서 문화면에서도 우위를 차지할 방법을 찾다가 영어사전을 만들기로 한다. 이에 따라 성직자 리처드 체네빅스 트렌치(Richard Chenevix Trench, 1807~1886)는 『옥스퍼드 영어사전』을 펴내겠다는 프로젝트를 발표했다. 그리고 1857년 편찬 작업을 시작해서 1928년에 초판이 나왔다. 사전이 나오기까지 무려 71년이나 걸린 것이다. 1989년에는 20만 개 늘어난 60만 개 단어가 실린 제2판 개정판을 발행했다. 이 사전은 내용은 물론 제책이나 인쇄 면에서도 뛰어나 인쇄 전문가나 디자이너들에게 인류 역사상 최고의 책이라 평가받았다.

사전의 본보기라고 하는 『옥스퍼드 영어사전』에는 한 가지 원칙이 관통한다. 한 단어가 만들어져 성장하다가 사라지는 과정을 보여준다는 것으로 '역사적 원리에 입각한' 사전 편

제임스 머리(좌)와 윌리엄 체스터 마이너(우)

찬 방침이다. 이는 영어로 된 모든 문헌을 읽어야 한다는 것을 뜻한다. 하지만 컴퓨터도 복사기도 없던 시절에 어떻게 이런 작업을 할 수 있었을까? 여기에는 엄청나게 많은 인원과 시간과 노력이 필요할 게 뻔했다. 많은 자원봉사자가 이 작업에 참여했지만 그중 자기 삶을 사전에 오롯이 바친 이른바 '미친 사람'이 두 명 있었다.

먼저 한 사람은 스코틀랜드 출신으로 태어난 지 18개월 만에 알파벳을 구분하고 7세 때 중국어로 된 성경을 해독했다. 가난해서 제대로 교육을 받을 수 없자 25개 국어를 독학으로 익혔다. 이 정도라면 박사학위를 받은 저명한 인물일 것 같지만 학교교육을 받은 기간이 8년밖에 되지 않는다. 이 사람은 초대 편집자 허버트 콜리지(Herbert Coleridge, 1830~1861)와 프레더릭 제임스 퍼니발(Frederik James Furnival, 1825~1910) 다음으로 편집책임을 맡은 제임스 머리(James Murray, 1837~1915)다. 머리는 37세에 이 작업을 제안받으면서 10년 정도면 끝날 것으로 판단했지만 그러지 못했다. 78세로 죽을 때까지 40년간 하루 10시간씩 사전 만드는 일에만 집중해야 했고, 『옥스퍼드 영어사전』은 머리의 사망 13년 뒤인 1928년 세상에 나왔다.

또 한 사람은 윌리엄 체스터 마이너(William Chester Minor, 1834~1920)로 예문을 보내오는 많은 자원봉사자 가운데 한 사람이었다. 머리는 빼어난 예문을 열심히 보내오는 마이너를 여러 번 옥스퍼드대학으로 초대했지만 마이너는 끝내 거절했다. 그러다 보니 두 사람은 거의 20년 동안 편지로만 소통했고, 마이너는 그동안 단어 1만여 개의 새로운 뜻과 인용문을 찾아 보내주었다.

기다리다 못한 머리는 수용소에서 편지를 보내는 마이너가 의사일 것이라고 생각하며 주소지로 마이너를 찾아갔다. 하지만 마이너는 그곳에 무기수로 수감되어 있었다. 미국의 명문가에서 태어난 마이너는 예일대학교 의대를 다녔고 군의관으로 남북전쟁에 참가했다가 전쟁의 비인간성과 참혹성에 충격을 받아 편집증적 증상을 보였다. 병을 치료하려고 영국으로 왔다가 망상에 사로잡혀 한 남성을 자신의 방에 침입했다고 착각해 쏘아 죽인 뒤 정신이상자 수용소에 갇힌 것이다.

세상과 고립된 채 살던 마이너는 우연히 신문에서 사전을 만드는 데 필요한 자원봉사자를 구한다는 글을 읽고 이 일에 참여했다. 뛰어난 두뇌와 언어에 대한 감각, 학자적 소양을 갖춘 마이너는 이 일에 집착하다시피 한다. 병원에서는 이 일을 치료 과정의 하나로 인정해 마이너에게 방을 따로 배정했고, 마이너는 이 일을 하면서 점차 안정되었다. 하지만 마이너의 사연을 들은 사람들이 마이너를 계속 가두는 데 항의했고, 1910년 당시 내무장관이던 윈스턴 처칠(Winston Leonard Spencer Churchill, 1874~1965)은 마이너를 미국으로 추방하도록 명령했다. 마이너는 코네티컷에서 입원하여 치료를 받았지만 증세가 점점 심해져 1920년 세상을 떠나고 말았다.

머리와 마이너는 모든 것을 바쳐 만든 사전을 보지 못하고 세상을 떠났지만, 출간된 사전은 언어학자뿐 아니라 문학 연구가들에게도 좋은 평가를 받았다. 어휘 수는 물론 단어마다 역사가 담겨 있는 이런 사전은 이제까지 없었기 때문이다. 그 덕분에 옥스퍼드대학 출판부는 해마다 그해 등재 신조어를 발표하는 권위를 얻었다.

하지만 오랜 역사를 자랑하는 『옥스퍼드 영어사전』도 인터넷으로 사전을 검색할 수 있는 시대를 맞아 인쇄판의 수요가 줄어들었다. 옥스퍼드대학 출판부에서는 당분간 온라인판에 집중하겠지만 제3판 출간 시점에서 수요가 충분하다면 인쇄판도 고려하겠다고 밝혔다. 우리의 삶은 인터넷 등장 이후 획기적인 변화의 소용돌이 속에 있고, 특히 영원하리라 여겼던 종이책도 인터넷이나 휴대전화 등 통신 환경 변화의 물결에 휩쓸리고 있다.

참고 자료

『교수와 광인』(사이먼 윈체스터 지음, 세종서적) / 「옥스퍼드 영어사전 편찬 주역은 정신병자」(《매일경제》, 2000.03.09) / 「옥스퍼드사전」(《한국경제신문》, 1998.10.29) / 옥스퍼드 영어사전, 위키백과 / 윌리엄 체스터 마이너, 위키백과

# 철수와 영희는
# 어떤 관계일까?

몇 년 전 텔레비전 드라마를 보다가 등장인물 가운데 재미 있는 이름을 보았다. 철수와 영희. 그런데 철수와 영희가 남자 와 여자일 것이라고 생각하면 오산이다. 드라마에서는 이란성 쌍둥이 형제의 이름이었다. 드라마를 보면서 작가가 나이가 좀 있겠다는 생각을 했다. 추억 속 이름을 그것도 남자 둘에게 붙여주다니 말이다. 1960~1970년대까지도 주변에 철수와 영 희로 불리는 아이들이 많았다. 그런데 요즘 아이들 가운데 철 수와 영희는 거의 없다. 철수와 영희는 어디로 갔을까? 그리 고 둘은 무슨 사이기에 실과 바늘처럼 붙어 다니는 것일까?

이제는 이름마저 초등학교로 바뀌었지만 국민학교에 다닌 사람들은 철수와 영희가 친구처럼 아주 친근할 것이다. 교과서에 '철수와 영희'가 늘 주인공으로 나왔으니 말이다. 요즘 아이돌이 인기가 있고 유명하듯이 철수와 영희는 그 시절 가장 유명한 아이들이자 아이돌이었다. 통통하고 동그스름한 얼굴에 학생 모자를 눌러쓴 철수와 머리에 나비 리본을 단 영희 그리고 두 사람을 따라다니는 바둑이. 당시 아이들은 교과서를 보면서 '철수처럼 착하고 영희처럼 예쁘게' 되기를 꿈꾸었다. 그런데 세월이 흘러 지금은 교과서에서 철수와 영희를 만날 수 없다. 그때는 왜 하고많은 이름 가운데 철수와 영희를

1948년 10월 5일 발행된 『바둑이와 철수』(국어 1-1)

주인공으로 내세웠을까?

철수와 영희는 1948년 10월 5일 정부 수립 이후 처음 나온 교과서인 초등 『국어 1-1』의 표지에 실리면서 알려지기 시작한다. "철수야 놀자 영이야 놀자"로 시작하는 『바둑이와 철수』본이다. 이 교과서는 한글을 낱자로 익히던 방식에서 벗어나 문장으로 소리, 글자, 단어를 동시에 익히도록 했다. 표지에는 키가 큰 철수가 몸집이 작고 단발머리를 한 영이(이 책에서는 '영이'로 표기됨)와 그 옆의 바둑이를 보고 있는 흑백 그림이 있다.

이렇게 교과서에 처음 등장한 철수와 영희는 가슴에 손수건을 달고 운동화를 신고 책가방을 메고 학교에 가는 1학년 교과서부터 조금은 성장한 모습인 6학년 교과서까지 국어뿐 아니라 바른생활, 체육, 산수, 사회 등 여러 학년의 다양한 교과서에 1980년대 초까지 등장한다. 처음에 영이였던 것이 언제 영희로 바뀌었는지는 알 수 없지만 철수와 영희는 보통명사 같은 존재였다. 철수와 영희는 한국전쟁이 끝난 1954년부터는 흑백이 아니라 컬러로 돌아왔지만, 1982년 제4차 교육과정이 시작되면서 교과서에서 대부분 퇴장했다.

철수와 영희라는 이름은 당시 실제로 아이들에게 많이 지어주었는데 이유가 있다. 철수의 한자 표기는 현명한 철(哲)에 물 수(水)로 '물가에 사는 현명한 사람'이라는 뜻이다. 현명한 사람은 유교에서 성인으로 모시는 공자를 이르는 말이다. 공자처럼 훌륭한 사람이 되라는 염원을 이름에 담은 것이다. 그럼 영희는 어떤가? 고대 중국 요순시대의 성군 요임금에게는 딸이 둘 있었는데 그중 한 명의 이름이 영희다. 영희에서 '희'는 왕비나 지체 높은 여성을 존칭하는 의미다.

그런데 교과서에 등장하는 철수와 영희의 실제 모델이 있다. 바로 철수와 영희 삽화를 그린 김태형(1916~1993) 화백의 아이들이다. 게다가 같이 등장하는 바둑이도 김 화백이 집에서 키우던 강아지를 모델로 했다. 경기도 개성 출신인 김 화백은 1942년 조선미술전람회에서 입선한 뒤 1946년부터 무려 30년 동안 초등학교 교과서 그림을 그렸다. 김 화백은 산수, 셈본, 실과, 바른생활, 사회생활 등 초등학교 전 학년에 걸쳐 교과서 300여 권에 그림을 그렸다고 하니 지금으로 말하면 우리나라 최초의 전문 일러스트레이터였던 셈이다.

이제 가장 궁금한 문제가 남아 있다. 늘 붙어 다닌 철수와 영희는 어떤 관계였을까? 철수와 영희 사이를 두고 '친구다, 가족이다'라는 의견이 많았다. 1948년 교과서 『바둑이와 철수』를 보면 철수와 영희의 체격 차이가 꽤 난다. 그리고 6학년 2학기 교과서에는 졸업장을 손에 들고 운동장을 빠져나가는 철수를 영희가 뒤따라가는 모습이 있다. 동생 영희가 오빠 철수의 졸업을 축하하러 온 것이다. 그래서 이때까지는 둘 사이가 오누이였지만, 철수와 영희가 가족 이상이기를 바라는 사람들의 응원이 통했는지 1970~1980년대 국어 교과서에서는 둘이 친구 사이로 나온다.

이제 철수와 영희를 초등 교과서에서 만났던 이들은 황혼에 접어들었고, 낡은 교과서 표지에서 여전히 웃고 있는 철수와 영희는 1948년에 1학년이었으니 단순 계산으로도 완전히 할아버지 할머니가 되었다. 그리고 요즘 초등학생들 가운데 철수나 영희라 불리는 아이들이 거의 없듯이 교과서에도 다양한 이름의 아이들이 나온다. 그 아이들은 말없이 웃기만 하던 철수나 영희와 달리 여러 감정을 솔직하게 표정으로 드러낸다. 교과서의 주인공에도 시대 변화가 그대로 반영되고 있다.

---

참고 자료

「옛 국어교과서 '철수와 영희', 친구 아니라 처음엔 오누이였다」(《뉴스1》, 2016.03.17) / 「'철수와 영이'는 교과서에 언제 실렸을까」(《중앙일보》, 2011.10.05) / 「철수와 영희가 남매였다고?」(《민중의소리》, 2016.03.24) / 「초등 1학년 국어교과」(《경향신문》, 2015.12.18) / 「바둑이와 철수」(《부산일보》, 2010.06.17) / 『한국 여성사 편지』(이임하 지음, 책과함께 어린이)

# A4 용지에 담긴 비밀

복사를 하거나 인쇄를 할 때 가장 많이 사용하는 용지 크기는 무엇일까? A4를 가장 많이 사용할 것이다. 사무용 프린터는 용지 제한이 비교적 적지만 가정에서 쓰는 프린터는 대개 A4 용지만 쓸 수 있기 때문이다. 사무용품점에서도 A4 용지는 쉽게 살 수 있다. 이런 A4 용지가 만들어진 데는 숨겨진 이야기가 있다. 흔해서 오히려 무심히 사용해온 A4 용지에는 어떤 탄생 비화가 있는 것일까?

아름다운 자연의 비율이라는 황금비에 따르면 직사각형의 비율이 1:1.618로 이루어졌을 때 가장 균형 잡힌 안정감을 준다. 황금비에 못지않은 비율이 A4 종이 규격에 있다. A4 용지는 가로세로 길이가 210×297밀리미터인데 이 비율이 1:1.414다. 딱 떨어지는 숫자로 크기를 정하면 여러 가지로 편했을 텐데 왜 이렇게 복잡한 수로 규격을 정한 것일까?

A 시리즈 용지는 아무리 접거나 이어 붙여도 가로세로의 비율이 1:1.414로 유지된다. 그래서 절반으로 잘라도, 그것을 또 절반으로 잘라도 잘라서 생긴 직사각형이 서로 닮아서 낭비되는 부분이 없다. 당장 A4 용지를 가지고 실험해보자. A4 용지를 세로로 길게 놓고 가로 방향으로 반 접어 자로 재보면 가로

프리드리히 빌헬름 오스트발트

118

세로 길이가 210×148.5밀리미터이고 비율 또한 1:1.414이다. 이것을 다시 반으로 접어도 가로세로 비율이 유지된다.

이렇게 규격을 만드는 데는 과학의 도움이 필요하다. A 시리즈 용지 규격은 독일의 물리화학자이자 철학자로 1909년 노벨화학상을 받은 프리드리히 오스트발트(Friedrich Ostwald, 1853~1932)가 고안했다. 가로와 세로 비율이 1:1.414가 되게 한 것이다. 1919년 오스트발트가 이를 제안한 이후 1922년 독일공업규격위원회에서 이를 채택해 가장 긴 규격의 용지 넓이는 1제곱미터로 정했다. 그래서 A4, A3 용지 같은 현재의 A 시리즈의 비율이 정해졌다. 색을 연구하여 오스트발트 색 체계를 만들기도 한 그 덕분에 큰 종이를 잘라서 작은 종이를 만드는 과정에서 종이 손실을 줄이게 되었다. 만약 정해진 규격이 없다면 사용하기에 적당한 크기가 주관적이라 만드는 사람 마음대로 정했을 테고 그러면 종이가 많이 버려졌을지도 모른다.

종이라 해서 다 같은 종이가 아니듯 종이 크기도 나라와 시기에 따라 표준이 다르다. 오늘날 쓰이는 종이 크기는 두 가지로 나뉘는데 하나는 국제표준화기구(ISO)가 인정한 국제 규격으로 우리나라에서 활용하는 국제표준인 ISO A형(A4 등 A 계열)이고, 또 하나는 북아메리카 크기다. A 시리즈 규격의 원형은 A0로 크기는 841×1,189밀리미터이며 흔히 전지라고 한다. A0는 가로변과 세로변을 곱하면 용지의 크기가 약 1제곱 미터가 되도록 맞춰져 있다. A 뒤에 붙는 숫자는 A0 용지를 접 거나 자른 횟수다. 그래서 A0 용지를 한 번 접으면 A1, 네 번 접으면 A4, 다섯 번 접으면 A5가 되는 것이다. 따라서 A4 용지 두 개를 붙이면 A3 사이즈가 된다.

또 하나의 크기는 미국을 비롯한 캐나다, 필리핀, 볼리비아, 콜롬비아, 베네수엘라, 칠레 등에서는 주로 쓰는 레터(Letter) 지에 따른 것이다. 레터(216밀리미터×279밀리미터)는 얼핏 보면 A4 용지와 비슷하지만 약간 차이가 있다. 그래서 사무용지로 A4를 주로 쓰는 우리나라 사람들이 이들 나라에서 업무를 볼 때 불편을 겪기도 한다. 미국에서 레터지를 쓰는 데는 두 가지 설이 있다. 하나는 인치(Inch) 도량형 때문이라는 설이다. 국제 규격인 A4를 인치로 변환하면 8.267×11.692인치이고 레터 지는 8.5×11인치가 된다. A4는 소수점이 길지만 레터지는 딱 떨어지니 레터지를 쓴다는 것이다. 또 하나는 레이건 대통령 이 레터 사이즈를 정부 공식문서 사이즈로 정한 후 보편화되 었다는 설이다.

종이에 A자 말고 B자가 붙는 것도 있는데, B형은 A형을 기 준으로 할 때 변형된 크기로 종이 비율은 A형과 같다. A형 각 단계의 중간 크기가 B형인데 A3와 A4 종이 크기의 중간으로

A3.5에 해당하는 종이 크기가 B4다. B형은 A형 종이를 다양하게 활용하려고 만들어낸 것이다. 그래서 B5도 A4와 A5의 중간 크기로 A형과 비율이 같다. B0 용지의 국제 규격은 1,000 × 1,414밀리미터로 A0 용지와 비율은 같지만 크기는 조금 더 크다. A형 용지와 마찬가지로 B0 용지를 네 번 접으면 B4가 된다.

주로 펄프를 재료로 만든 종이는 기원전 50~기원전 40년대 중국 전한시대에 발명되었으며, 105년경 후한의 채륜이 품질 좋은 종이를 생산하면서 지금처럼 흔히 사용하게 되었다. 종이 종류도 신문용지, 백상지, 아트지, 골판지, 백판지, 황판지, 크래프트지 등 다양하다. 전자기기가 발달하면서 종이를 점점 덜 쓰는 추세라지만 아직 종이 없는 삶은 상상할 수 없다.

참고 자료

「A4 용지의 비밀, 접어도 접어도 비율은 똑같다?」(《산업정보포털》, 2017.02.28) / 「A4 용지의 비밀」(EBS) / A4 용지 규격의 비밀(EBS 동영상) / 종이, 한국민족문화대백과 / 종이 크기, 위키백과

# 문학과
# 언어에
# 담긴
# 뜻밖의 사실

# 아마추어도 '사랑', 테니스에서 0점도 '사랑'?

"왜 이래, 아마추어같이"라는 말이 유행한 적이 있다. 한 개그맨이 방송에서 이 말을 하면서 더 널리 쓰였는데, 어떤 일을 제대로 하지 못하는 사람에게 에둘러 면박을 줄 때 주로 쓴다. "역시 프로는 달라"라는 말도 흔히 쓰인다. 일을 매끄럽게 잘하는 사람에게 칭찬의 뜻으로 하는 말이다. 그렇다면 아마추어는 뭔가 잘 못한다는 뜻이고, 프로는 무엇이든 잘한다는 뜻일까? 아마추어와 프로는 어떻게 다르고 정말 실력에 차이가 있는지 알아보자.

아마추어는 국어사전에 '예술이나 스포츠, 기술 따위를 취미로 삼아 즐겨 하는 사람'이라고 풀이해놓았다. 『체육학대사전』에서는 '순수하게 운동 경기를 애호하는 비직업적 경기자'라고 정의한다. 결국 아마추어는 뭔가 서툴다거나 잘하지 못한다는 인상을 주는데 정말 그런 것일까?

아마추어(Amateur)는 라틴어로 사랑을 뜻하는 아모르(Amor)에서 나온 말이다. 사랑의 신 아모르는 우리가 잘 알고 있는

큐피드라는 이름으로
더 익숙한 아모르

사랑의 전령 큐피드다. 아모르는 이후 라틴어에서 사랑을 뜻하게 되었고, 미술 작품을 애인처럼 사랑한다고 해서 미술이나 음악 애호가를 아마추어라고 하다가 이것이 스포츠나 취미 생활에까지 널리 쓰이게 되었다. 그럼 줄여서 '프로'라고도 하는 프로페셔널(Professional)이라는 말은 어떻게 생겨났을까? 국어사전에는 프로페셔널을 '어떤 일을 전문으로 하거나 그런 지식이나 기술을 가진 사람 또는 직업 선수'라고 풀이해놓았다. 『체육학대사전』에는 '경기를 직업으로 삼고 있는 사람. 금전의 수입을 목적으로 경기를 지도하고 시행하여 생계를 유지하는 사람'이라 했다. 19세기 후반부터 자주 나타나는 프로페셔널이라는 말은 고대 프랑스어인 'Profess'가 어원으로 '고백하다', '공표하다' 등의 뜻이다. 『옥스퍼드 영어사전』에 처음으로 '전문직업'이라는 뜻으로 표제어로 올랐다.

이렇게 본다면 아마추어는 어떤 일을 그저 좋아서 하는 사람, 프로페셔널은 물질적 대가를 바라면서 일을 하는 전문인이라고 할 수 있다. 스포츠에서는 스포츠를 생계 수단이 아니라 즐기기 위한 활동으로 한다는 사고방식이나 태도 또는 주장을 아마추어리즘(아마추어 정신)이라고 한다. 이와 반대로 프로페셔널에 어울리는 방법이나 기준 또는 특성을 갖추었을 때 프로페셔널리즘이라고 한다. 아마추어리즘이라는 말은 19세기 영국의 상류계급이 상금을 걸고 하는 경기에 출전하기 위해 전문적으로 운동하는 프로선수를 비판하면서, 경기에 참여할 때 대가를 받아서는 안 되고 지더라도 규칙을 잘 지키는 것이 훨씬 중요하다고 주장한 데서 나왔다. 스포츠는 아마추어를 넘어 점점 프로페셔널로 가고 있지만 경기 규칙을 지키고 상대를 존중하는 예절은 현대 스포츠에서도 여전히 중요한 덕목이다.

원래는 비전문가, 초보자, 애호가라는 의미로 쓰이던 아마추어가 어쩌다 잘 못한다는 부정적 의미로도 쓰이게 되었을까? 아마추어와 프로가 대결하면 일반적으로 프로가 더 잘하는 것이 사실이다. 이런 상황에 빗대어 잘 못하는 경우를 아마추어라고 낮잡아 부르면서 부정적 의미로 쓰이게 된 것으로 보인다.

아마추어와 관련해서 테니스에서의 러브도 궁금해진다. 테니스 중계방송을 볼 때 심판이 '러브'라고 하는 말을 듣고 '저건 무슨 뜻이지?' 한 적이 있다. 점수를 1:0, 2:0도 아니고 15:0, 30:0처럼 매기는 것도 이상했는데, 0점을 제로(Zero)가 아닌 '러브(Love)'라고 하니 더 이상했다. 게다가 한 포인트도 얻지 못한 게임을 '러브 게임'이라고 한다. 진 것도 속상한데 사랑을 뜻하는 러브를 경기 스코어에 붙이다니 놀리는 것도 아니고 왜 그

테니스는 독특한 점수 체계를 가지고 있다.

런지 의문이 생긴다.

이렇게 0을 러브라고 하게 된 것을 두고 다양한 이야기가 있다. 먼저 테니스를 처음 고안한 나라로 추정되는 프랑스에서 0을 의미하는 단어로 알, 달걀(알의 모양이 숫자 0과 비슷하다고 해서)을 뜻하는 '뢰프(l'œuf)'를 사용했는데 이것이 영국으로 건너가 '러브'가 되었다는 것이다. 또 스코틀랜드어로 0을 뜻하는 '라프'가 러브로 바뀌었다는 주장이 있는 반면, 지고 있는 선수를 배려해서 0점을 러브로 사랑스럽게 불러준다는 이야기도 있다. 점수를 내지 못해 0점인 사람은 이기든 지든 관계없이 경기를 사랑하는 마음으로 열심히 뛴다고 믿고 또 점수가 제로가 아니라 무한한 가능성이 있는 러브이니 힘을 내라는 응원의 의미도 들어 있다고 보는 것이다. 이와 더불어 비록 잘하지는 못해도 끝까지 힘내라며 아마추어를 응원하는 의미도 있겠다.

우리는 어떤 분야에는 프로일 수 있지만 다른 분야에서는 아마추어일 수도 있다. 모든 분야에서 프로일 수도 없고 그럴 필요도 없다. '노는 사람은 열심히 하는 사람을 이기지 못하고 열심히 하는 사람은 즐기는 사람을 이기지 못한다'고 하지 않는가. 아마추어든 프로든 어떤 일을 좋아해서 즐기면 그만이지 잘하고 못하는 것은 문제가 되지 않는다. 가수 이승철이 부른 〈아마추어〉라는 노래에서는 "우리는 세상이란 무대에선 모두 다 같은 아마추어야"라며 세상의 모든 아마추어에게 용기를 준다.

참고 자료

「고대 그리스부터 전해 내려오는 아마추어 어원」(《해피타임》, 2017.12.06) / 「일은 프로처럼, 삶은 아마추어처럼」(《매거진한경》, 2015.09.14) / 「프로와 아마추어」(《고래가 그랬어》, 2018.04.15) / 「테니스, '0점은 왜 러브라고 할까요?'」(《노컷뉴스》, 2010.11.19) / 아마추어, 네이버 체육학대사전 / 테니스, 네이버 체육학대사전 / 「'Amateur'와 'Professional' 이야기」(최순찬 글, 《조이뉴스24》, 2011.05.19) / 『이야기 인문학』(조승연 지음, 김영사)

# 신데렐라와 콩쥐의
# 같은 듯 다른 이야기

어릴 적 『콩쥐팥쥐』나 『신데렐라』를 한 번쯤 읽어보지 않은 사람은 아마 드물 것이다. 두 책에서 주인공은 학대를 받고 시련을 겪지만 끝내 이겨내고 행복해진다. '옛날 옛날에'로 시작해 '행복하게 살았습니다'로 끝나는 이야기 구조를 충실히 따른다. 우리가 읽는 옛이야기는 대부분 착한 행실을 권하고 악한 행실을 나무라는 권선징악(勸善懲惡)을 보여준다. 그런데 옛이야기는 왜 좋은 일을 하면 복을 받고 나쁜 일을 하면 벌을 받는 것을 하나의 공식처럼 여겼을까? 그리고 왜 모든 옛이야기가 해피엔딩이었을까?

『신데렐라』의 저자 샤를 페로(좌)와
장 앙투안 로랑이 그린 〈천생연분
신데렐라〉(우)(1818)

전 세계 많은 아이들이 읽는 작품들 가운데 하나가 『신데
렐라』다. 프랑스의 아동문학가인 샤를 페로(Charles Perrault,
1628~1703)가 각지의 민담을 모아 자기 스타일로 고쳐 1697년
발간한 동화책이 원본이다. 이를 디즈니영화사가 애니메이션
으로 만들어 전 세계에 유통하면서 이것이 신데렐라의 표본처
럼 여겨지고 있다. 주인공 신데렐라가 계모에게 부당한 대우
를 받고 온갖 시련을 겪지만 모두 이겨내고 해피엔딩을 맞는
다는 신화적 요소를 담고 있다. 우리나라 전래동화인 『콩쥐팥
쥐』 이야기도 『신데렐라』와 구조가 비슷하다. 콩쥐도 신데렐
라와 마찬가지로 계모에게 구박받을 뿐 아니라 마음이 고약

한 이복 자매가 있다. 신데렐라가 동물 친구들의 도움으로 파티에 가듯이 콩쥐도 두꺼비, 새, 암소에게 도움을 받아 잔치에 간다.

『콩쥐팥쥐』는 구전되다 보니 비슷한 이야기가 많은데, 그중 결말이 우리가 알고 있는 것과 달리 끔찍한 버전도 있다. 우리는 보통 이 이야기의 결말로 계모와 팥쥐가 벌을 받았다든가, 콩쥐가 둘을 용서해서 모두 같이 행복하게 살았다고 알고 있다. 하지만 다른 이야기에서 콩쥐를 죽인 범행이 들통난 팥쥐는 옥으로 끌려가 모진 형벌을 받고 온몸이 찢겨 죽는다. 팥쥐의 시체는 젓갈로 만들어져 항아리째 계모에게 보내졌다. 계모는 젓갈이 맛있다며 무엇으로 담갔는지 묻고, 자기 딸 팥쥐임을 알고 큰 충격을 받아 그 자리에서 죽는다. 어린이가 이렇게 잔인한 내용의 동화를 읽게 할 수 없었기에 결말이 해피엔딩인『신데렐라』와 같은 이야기 구조로 바뀐 것이다.

『신데렐라』처럼 가난하거나 핍박받는 여자아이가 신분 상승을 이루는 구조를 가진 작품은 전 세계적으로 350여 편이나 된다. 중국에는 당나라 때의 학자 단성식(段成式, ?~863)이 괴이한 사건과 언어 그리고 풍속 따위를 기술한 책『유양잡조(酉陽雜俎)』가운데 「섭한」편이 『신데렐라』와 비슷한 이야기다. 계모에게 구박받던 섭한이 진기한 물고기를 키웠는데 계모가 물고기를 몰래 잡아먹는다. 물고기가 보이지 않자 섭한이 슬프게 울고 있었는데, 이에 감동한 물고기 혼령이 도와주어 섭한은 마을 축제에 가게 되었고 거기서 신발을 잃어버리고 만다. 신발 주인을 찾던 이웃 나라 왕은 섭한이 신발 주인인 것을 알고 섭한과 결혼했으며 계모와 그 딸은 돌에 맞아 죽었다. 중국과 프랑스라는 먼 거리의 차이에도 불구하고, 섭한과 신데렐라의 인물과 삶이 너무 유사하게 그려졌다.

베트남의 『땀과 깜 이야기』는 『콩쥐팥쥐』와 내용이 비슷하며, 팥쥐에 해당하는 깜을 액젓으로 만들었는데 계모가 그것을 몰랐다가 다 먹은 뒤 알게 되어 죽는다. 일본의 『강복미복(겨순이와 쌀순이)』은 언니를 통에 집어넣고 절벽에서 떨어뜨려 죽이는 것으로 설정되어 있다. 이 밖에 독일, 이탈리아 같은 유럽뿐 아니라 아르메니아, 이라크, 러시아, 아프리카, 아메리카 원주민, 필리핀 등 세계 각지에 『신데렐라』와 비슷한 이야기가 있다.

전 세계의 『신데렐라』와 비슷한 이야기에는 공통적으로 학대받는 여자아이, 도움을 주는 동물, 아름다운 옷, 잃어버린 신발, 신분이 높은 남자를 만나 신분 상승을 이루는 이야기 구조가 등장하는데, 이를 '신데렐라 사이클(Cinderella Cycle)'이라 한다. 신데렐라 사이클이 인기를 끄는 것은 대중에게 고단한 현실의 삶에서 벗어날 수 있다는 희망을 주기 때문이라고 한다.『콩쥐팥쥐』 또한 이런 이야기 구조를 갖추고 있다.

신데렐라콤플렉스(Cinderella Complex)라는 말도 있다. 자기 능력으로 성공할 자신이 없는 사람이 마치 신데렐라처럼 자기 인생을 완전히 바꿔줄 왕자가 나타나기를 고대하는 심리를 뜻하는 말이다. 백마 탄 왕자를 기다리는 심리로, 미국의 콜레트 다울링(Colette Dowling)이 저서『신데렐라 컴플렉스』(문학과현실사)에서 사용한 용어다. 다울링은 신데렐라콤플렉스의 원인이 아버지의 귀여운 딸로 키워지는 어린 시절의 교육에서 비롯된다고 보았다. 여자아이들이 추구하는 전형적인 여성의 삶이『신데렐라』이야기에 바탕을 두고 있다는 것이다. 1990~2000년대까지만 해도 우리나라의 일부 드라마는 여자 주인공이 스스로 노력을 하지 않고도 우월한 지위에 있는 남성과 사랑하면서 사회적 신분이 상승한다는 식으로 신데렐라 콤플렉스에 빠진 전개가 많아 비판을 받기도 했다. 이런 이야기는 결혼이 유일하게 신분 상승을 이루는 방법이었던 시대에는 먹혔을지 모르지만, 자기 능력으로 주체적으로 운명을 헤쳐나가기를 원하는 요즘 여성의 시각으로 보았을 때는 맞지 않는다.

대중은 일반적으로 비극적인 결말을 좋아하지 않는다. 드라마나 영화를 보면서 주인공에게 자신을 이입하고 대리만족을 하기 때문이다. 그러다 보니 착한 주인공이 능력 있는 사람을 만나 행복하게 살기를 바란다. 그래서 신데렐라 사이클이 시대와 공간을 초월해서 전 세계적으로 수많은 사람에게 사랑받는 이야기가 된 것이 아닐까. 요즘에는 변화하는 시대를 반영하듯 이야기를 뒤집어 남자가 신데렐라가 되기를 꿈꾸는 내용도 심심치 않게 볼 수 있다. 하지만 주변의 우연한 행운에 기대지 않고 스스로 삶을 가꾸어가는 자세가 더 필요해보인다.

참고 자료

「콩쥐는 왜 죽임을 당했어야 했나」(《e대한민국》, 2017.09.04) / 「계모와 팥쥐 어찌 됐을까… '콩쥐팥쥐'의 끔찍한 결말」(권도영 글, 《중앙일보》, 2021.07.07) / 「일본, 베트남에도 '신데렐라'가 있다?」(《화이트페이퍼》, 2005.09.21) / 신데렐라 콤플렉스, 위키백과 / 섭한, 위키백과 / 「신데렐라와 콩쥐팥쥐」(하원호 글, 한국사연구회, 2007.12.07)

# 셜록 홈스의
# 실제 모델이 있다

　추리소설인 『셜록 홈스』를 읽으면서 홈스처럼 명탐정이 되기를 꿈꾼 사람이 많을 것이다. 영국 BBC 드라마 〈셜록〉뿐 아니라 2016년 개봉한 영화 〈셜록, 유령의 신부〉까지 전 세계에서 셜록 홈스의 인기는 여전하다. 『셜록 홈스』는 영화, 연극, 방송 드라마, 만화, 애니메이션까지 지금도 다양한 장르에서 꾸준히 재생되고 있다. 그러다 보니 셜록 홈스를 실존 인물로 아는 이들도 많다. 이는 사실이 아니지만 셜록 홈스의 모델이 된 사람은 있다.

　『셜록 홈스』는 영국의 의사이자 소설가인 아서 코넌 도일

젊은 시절 아서 코넌 도일(좌)과
그의 출생지인 에든버러에 세워
진 셜록 홈스 동상(우)

(Arthur Conan Doyle, 1859~ 1930)이 쓴 추리소설이다. 도일은
1876년부터 1881년까지 에든버러대학에서 의학을 공부하고
선의(船醫)로 일했다. 1882년 포츠머스에서 개인 병원을 열었
지만 환자가 별로 없어서 취미로 글쓰기를 계속한다. 단편 몇
편이 좋은 평을 받자 본격적으로 장편소설을 쓰기로 한다. 도
일은 추리소설을 구상하면서 주인공을 멋지고 유능한 인물로
그리고 싶었는데, 그때 자신의 의과대학 시절 스승인 외과전
문의 조지프 벨(Joseph Bell, 1837~1911)을 떠올렸다. 벨은 환자
를 철저히 관찰한 다음 질병의 상태와 병명을 정확히 집어냈

다. 그리고 시범을 보여준다며 처음 보는 사람의 외모나 흔적 등을 자세히 관찰한 다음 하는 일이나 최근에 무슨 일을 했는지 등을 알아맞혔다. 벨의 이런 진단 기법은 『셜록 홈스』에서 주인공 홈스를 떠올리게 한다. 벨은 뛰어난 실력을 바탕으로 빅토리아 여왕(재위 1837~1901)의 외과주치의를 지냈으며, 법의병리학의 개척자로도 인정받는다. 도일은 1887년 「주홍색 연구(A Study in Scarlet)」라는 제목으로 『셜록 홈스』 시리즈 첫 편을 발표했다. 주인공은 놀라운 관찰력, 과학적 검사, 논리적

셜록 홈스의 실제 모델인 조지프 벨

추론을 적용하는 탐정 셜록 홈스였다.

셜록 홈스라고 하면 떠오르는 이미지가 있을까? 요즘 세대는 아마 BBC에서 방송한 〈셜록〉에 나온 배우를 떠올릴 것이다. 그동안 200편이 넘는 영화에서 70명이 넘는 배우가 셜록 홈스를 맡아서 연기했는데, 조수로 나오는 왓슨의 이미지는 작품마다 조금씩 다르지만 홈스를 맡은 배우들은 언제나 똑같은 이미지를 보여주었다. 도일이 벨 교수에게서 영감을 받아 만들어낸 주인공 홈스는 명석한 두뇌, 냉정한 성격, 신경질적인 예민함, 날카로운 인상, 박식함, 수준급 바이올린 연주 실력으로 정형화되어 있다. 매부리코와 날카로운 인상 때문에 예사로워 보이지 않았다는 벨 교수도 자신이 홈스의 모델이 된 사실을 자랑스럽게 생각했다고 한다.

또 한 가지 홈스의 조수로 나온 존 왓슨이라는 이름은 벨 교수의 친구이자 외과의사인 패트릭 왓슨(Patrick Watson, 1832~1907)에서 따왔다고 한다. 그러고 보면 실존 인물이 한 명 더 있는 셈이다. 「주홍색 연구」에서 왓슨은 의대를 졸업하고 곧바로 육군 소속 네틀리병원으로 입대하여 군의관 교육을 받고 아프가니스탄으로 파병된다. 하지만 부상을 당한 뒤 돌아와 제대하고 나서 홈스를 만나게 된다. 도일은 홈스가 실존 인물이라는 인상을 주려고 왓슨에게 홈스가 해결한 사건들을

글로 정리해 세상에 발표하는 일을 하게 했다. 그러면 독자들은 왓슨이 작중에 발표한 글을 보며 마치 실제 있었던 일을 읽고 있다는 느낌을 받는 것이다.

셜록 홈스 하면 흔히 떠오르는 전형적인 이미지가 있다. 사냥모자를 쓰고 굽은 파이프를 입에 물었으며, 망토 달린 코트를 입고 돋보기를 손에 들고 다닌다. 홈스가 유명해지면서 이런 것들이 탐정을 나타내는 이미지가 되었는데, 특히 돋보기의 경우 물건을 크게 보는 도구지만 홈스가 가지고 다니면서부터 탐정 캐릭터를 상징하는 아이콘이 되었다. 그러다 아예 무언가를 찾는다는 뜻으로 돋보기를 그리게 되었다.

『셜록 홈스』시리즈로 엄청나게 성공했지만 스토리를 이어가는 데 지치기도 했던 도일은 1893년 「마지막 사건」에서 홈스를 죽인다. 그러자 성난 독자들이 홈스를 살려내라고 거세게 항의했고 도일은 할 수 없이 홈스를 부활시켜 소설을 계속 출판했다. 도일은 죽기 직전 아들에게 "만약 셜록 홈스가 이 세상에 실제로 있다면 그건 바로 나다"라고 말했다고 한다. 실제로 도일은 범죄에 잘못 관계된 이들의 무죄를 증명해내기도 했다. 벨이 과학수사의 선구자로 평가받고 도일이 그에게서 배운 것을 생각하면 도일이 그때 배운 것을 실전에 응용했을지도 모른다. 범죄학자 앨버트 울먼(Albert Ullman)은 "코넌

도일이 셜록 홈스보다 더 유능한 범죄학자다"라고 말했다. 홈
스도 도일이 창조해낸 인물이고 이야기도 도일이 지어낸 것이니
그 자신이 홈스의 모델이라고 해도 지나친 말은 아닐 것이다.

그냥 지나치기 쉬운 아주 사소한 증거로도 어떤 사건이든
해결해서 보는 사람을 속 시원하게 해주는 홈스는 현대 추리
물에 등장하는 탐정의 모델이 되었다. 홈스 이후 탐정은 마치
영웅처럼 새로운 캐릭터로 자리 잡았고 『셜록 홈스』가 세상에
나온 지 100여 년이 지난 지금도 수많은 패러디와 오마주를
거치며 끊임없이 사람들을 만나고 있다.

참고 자료

「셜록 홈스의 실제 모델」,(《시카고 트리뷴》, 1990.04.30) / 「셜록 홈스는 실존 인물을 기반
으로 했다?」,(《히스토리》, 2018.08.22) / 「의사로 활동하다 전업작가 된 '코난 도일'」,(《의학
신문》, 2020.08.17) / 「셜록 홈스에 숨은 뒷이야기」,(《사이언스타임즈》, 2016.01.25) / 아서
코난 도일, 위키백과

# 『금도끼 은도끼』의 산신령은 그리스신화의 헤르메스다?

　어렸을 때 읽은 동화나 어른들에게서 들은 이야기를 바탕으로 사실이라고 믿어온 것이 어느 날 '사실은 그게 아니고……' 하면서 뒤집히는 경우가 종종 있다. 동화 『헨젤과 그레텔』에서 흉년으로 굶어 죽게 되자 아이들을 버리자고 한 계모가 사실은 친모였는데 아이들이 충격을 받을까 봐 나중 버전에서 계모로 바꾼 것이다.

　이태리타월이 화제가 된 적이 있다. 목욕탕에서 때를 밀 때 써서 때수건이라고도 하는 이태리타월은 한국 사람이 발명해 1962년에 특허까지 냈다. 그런데 어떻게 해서 이태리타월이라는 이름이 붙었을까? 바로 이탈리아에서 수입한 섬유로 만들었다고 해서 붙여진 이름이다. 이태리타월이라고 하니 이탈리아에서 만들어졌거나 적어도 이탈리아 사람들이 주로 사용할 것 같지만 당연하게도 이탈리아에서는 이 때수건을 사용하지 않는다.

이와 반대로 전래동화로 알고 있는데 사실은 번안동화인 것도 있다. 번안가요가 있듯이 번안동화도 있는데 "이 도끼가 네 도끼냐?"라는 말이 나오는 유명한 동화 『금도끼 은도끼』가 바로 주인공이다. 이야기의 줄거리는 이렇다. 나무를 베어 하루하루 살아가는 나무꾼이 어느 날 산에서 나무를 하다가 그만 하나뿐인 도끼를 연못에 풍덩 빠뜨리고 말았다. 도끼를 잃은 나무꾼이 집에 홀로 계신 어머니를 생각하며 울고 있을 때 산신령이 나타나 왜 우느냐고 물었다.

나무꾼이 도끼를 연못에 빠뜨렸다고 하자 산신령은 연못으로 들어가 금도끼를 가져와서는 나무꾼에게 "이 도끼가 네 도끼냐?"라고 물었다. 나무꾼이 아니라고 하자 이번에는 은도끼를 들고 와서는 "이 도끼가 네 도끼냐?"라고 물었다. 그러자 나무꾼은 자신의 도끼는 쇠도끼라고 정직하게 말했다. 산신령이 쇠도끼를 들고 나오자 나무꾼은 그것이 자기 도끼라며 기뻐했다. 나무꾼의 정직함에 감탄한 산신령은 금도끼와 은도끼를 모두 나무꾼에게 주었다. 소문으로 이야기를 들은 어느 욕심쟁이가 이 착한 나무꾼을 찾아가 자초지종을 듣고는 일부러 도끼를 연못에 빠뜨렸다. 산신령이 금도끼와 은도끼를 들고 나올 때마다 욕심쟁이는 그게 제 것이라고 거짓말을 하다가 오히려 화를 당했다.

이렇듯 『금도끼 은도끼』는 우리나라 전래동화처럼 산신령이 나오지만 원작은 그리스 이솝 우화에 실린 『정직한 나무꾼』이다. 이 이야기가 개화기에 우리나라에 들어오면서 우리 정서에 맞게 바뀐 것이다. 하지만 이야기 구조는 거의 비슷해서 『정직한 나무꾼』의 강물과 헤르메스(Hermes)가 『금도끼 은도끼』에서는 연못과 산신령으로 바뀌었을 뿐이다. 여기서 헤르메스는 그리스신화에 나오는 올림포스 12신 중 전령의 신이다. 로마신화의 메르쿠리우스와 동일시된 헤르메스는 주신(主神) 제우스와 거인 아틀라스의 딸 마이아 사이에서 태어났으며 신들의 의사를 전달하는 사자로 활약했다. 보통 젊은 청년으로 그려지며 날개가 달린 차양이 있는 모자를 쓰고, 발에는 날개가 달린 샌들을 신고, 손에는 케리케이온이라는 전령의 지팡이를 들고 있다. 이 동화가 우리나라에 소개된 1895년쯤에 헤르메스는 너무 낯선 이방인이었으니 산신령으로 바뀔 만도 하다.

바티칸 박물관에 소장된 헤르메스 조각상

『금도끼 은도끼』에는 산신령, 헤르메스 이야기 외에 더 재미있는 사실이 있다. 바로 도끼가 등장한 것이다. 도끼는 서양에서 권력을 의미한다. 고대 로마공화정에서 도끼와 나무다발을 한데 묶은 상징물로 집정관의 권위를 나타낸 이래 도끼는 전통적으로 권력을 상징했다. 권표(權標)라고 하는 이 물건을 로마인은 묶음이라는 뜻의 파스케스(Fasces)라고 불렀다. 나중에 전 세계를 공포 속으로 몰아넣는 파시즘(Fascism)도 이 말에서 나왔다.

도끼는 동양에서도 비슷한 의미로 쓰였다. 도끼를 뜻하는 한자 부(斧)자는 아버지(父)가 고기를 근(斤) 단위로 잘라 나누는 모양이다. 고기가 귀하던 시절 가족에게 단백질을 제공하는 능력은 가부장에게 권위의 바탕이자 기준이었다. 서양에서뿐 아니라 동양에서도 도끼가 힘과 권력을 상징한 것이다. 조선시대에 선비들은 상소를 올릴 때 도끼를 옆에 두기도 했다. 이를 지부상소(持斧上疏)라고 하는데, 말 그대로 '도끼를 지닌 채 상소를 올린다'는 뜻이다. '내 상소를 안 받을 거면 내 머리를 이걸로 자르라'는 의미였다니 그야말로 목숨을 건 상소였다.

산신령이든 헤르메스든 신이 도끼를 들고 "이 도끼가 네 것이냐?"라고 묻는 행위를 강력한 권력을 쥐겠느냐고 물어보는 것으로 해석하기도 한다. 그리고 나무꾼이 보기에 좋고 값도

나가는 금도끼 은도끼를 거절하고, 낡은 쇠도끼만 취하는 것이 분수에 맞지 않는 권력은 사양하겠다는 의지를 보여준 것이라고 해석한다.

전래동화라고 철석같이 믿었던 『금도끼 은도끼』가 이솝 우화 가운데 한 편을 각색한 번안동화라니 놀랍다. 하지만 절망속에서 한 줄기 빛과 같은 기회가 주어졌을 때 어떤 선택을 해야 옳은지 교훈을 준다는 점에서 의미가 있다. 정직한 사람은 복을 받고 행복하게 산다는 진리를 다시 확인하게 해줄 뿐 아니라 욕심을 버리고 정직하게 사는 것이 가치 있는 삶임을 강조한 동화다.

참고 자료

「나무꾼에게 금도끼를 준 건 산신령이 아니다?… '반전'」(《SBS》, 2015.10.02) / 「외국에서 인기가 많은 의외의 한국 제품」(《알렛츠》, 2019.02.13) / 「'금도끼 은도끼' 우화에 담긴 진짜 의미는?」(《한국일보》, 2017.06.23) / 「재미있는 발명과 특허 이야기」(《EBS》 지식채널 ⓒ 제작팀, 지식채널) / 「금도끼 은도끼」(대한민국정책브리핑, 2020.06.12) / 금도끼 은도끼, 한국민속대백과사전 / 헤르메스, 두산백과

# 뗏목과 떼돈은
# 어떤 관계일까?

생활이 힘겨울 때 한 번쯤은 돈벼락을 맞고 싶다는 생각을 하게 된다. 로또복권 1등에 당첨되듯 떼돈을 벌고 싶은 것이다. 자고 일어났더니 백만장자가 되어 있는 꿈도 꾼다. 이렇듯 많은 사람이 꿈꾸는 '떼돈'은 돈이 무리 지어 있는 모습을 비유한 것일 듯하다. 떼돈의 사전적 의미가 '어마어마하게 많은 돈'이니 더욱 그렇다. 하지만 여기서 '떼'는 무리가 아니다. 떼는 물 위에 띄워 사람이나 물건을 운반하기 위해서 원목이나 대나무 따위를 일정한 길이로 길게 엮은 것, 즉 뗏목을 말한다. 그런데 어떻게 '떼'와 '돈'이 연관되어 떼돈이란 말이 나오게 된 것일까?

조선 왕조 제일의 법궁인 경복궁은 임진왜란 때 불에 탄 뒤 200여 년 동안 자리만 남아 있었다. 19세기에 아들 고종을 앞세우고 실권을 잡은 흥선대원군 이하응(李昰應, 1820~1898)은 세도정치로 약해진 왕권을 강화하고 왕실의 권위를 세우기 위해 경복궁을 다시 건설한다. 천 년이 지나도 튼튼한 궁궐을 지으려던 흥선대원군에게 필요한 것은 막대한 건설 비용과 함께 오랜 시간이 흘러도 변하지 않는 좋은 소나무였다. 흥선대원군은 '원납전(願納錢)'과 '당백전(當百錢)'으로 비용을 마련했다. 원납전은 스스로 내는 기부금이라고 했지만 강제성을 띠었기 때문에 백성들에게서 원망스럽다는 뜻의 원납전(怨納錢)이라는 소리를 들었다. 그리고 소나무는 경상북도 봉화의 춘양에서 조달했는데, 이것이 부족해지자 강원도 정선에서 가져오기도 했다. 당시 고급 주택의 목재는 거의 정선에서 가져왔기 때문에 자연스럽게 정선 목재로 정해진 것이다.

강원도 정선이면 한양에서 꽤 멀어서 어떻게 운반할지가 문제였다. 그래서 생각해낸 방법이 바로 뗏목을 이용하는 것이다. 뗏목을 여러 개 엮어서 열차처럼 '떼배'를 만들어 한강에 띄우고 정선에서 한양까지 목재를 운반했다. 떼배는 보통 30~50미터 길이도 있었고 100미터나 되는 것도 있었다. 뗏목

뗏목

을 운행하는 뱃사공을 떼꾼이라고 했는데, 뗏목의 출발지인
정선 부근의 동강은 물살이 빨라서 떼꾼들의 목숨을 앗아가기
일쑤였다. 떼꾼들은 목숨을 걸고 뗏목을 운행할 수밖에 없었
고, 여기에 위험수당이 붙으면서 제법 큰돈을 손에 쥘 수 있었
다. 그러자 전국에서 떼꾼이 몰려들기도 했다.

떼배는 경칩이 지나 얼음이 풀려 강에 물이 많아지고 날씨
가 좋아지면 운행했다. 노선은 정선에서 출발하여 동강의 급
류를 타고 영월로 내려간 다음 단양과 충주를 거쳐 남한강의
물길을 따라 한강까지 가는 것이다. 떼꾼은 두 명이 한 조를
이루었는데 여정이 길다 보니 그사이 무슨 일이 벌어질지 몰

라서였다. 앞에 앉은 떼꾼이 선장이 되고 뒤에 앉은 떼꾼이 보조가 되었는데, 떼꾼도 아무나 될 수 없었다. 앞의 떼꾼은 선장이니만큼 경험이 많고 무엇보다 물길을 잘 알아야 한다. 보조는 선장만큼은 아니어도 원목 수송 등 떼배 관련 일을 5년 정도 해야 겨우 자격을 얻을 수 있었다. 긴 여정에서 급류와 여울(바닥이 얕거나 폭이 좁아 물살이 세게 흐르는 곳)을 지나다 떼배가 깨지기라도 하면 수영을 잘한다 해도 살아남기 어려웠기 때문이다.

무사히 한양에 도착해 원목을 팔면 황소 너덧 마리를 살 수 있는 큰돈을 받았는데, 이는 지방 관리의 한 달 녹봉보다 많은 금액이었다. 이렇듯 떼돈을 번다는 말에서 떼돈은 바로 떼배를 운행하여 번 돈이라는 뜻이다. 떼꾼이 벌어들인 큰돈이 떼돈이었던 것이다. 하지만 떼꾼이 고생해서 번 돈을 그대로 집으로 가져간 것은 아니다. 운행하는 과정에서 뗏목이 급류에 휩쓸려 부서지기라도 하면 수리비가 들었고 밥값도 만만치 않게 들었다. 또 떼꾼들은 원목을 팔고 나서 정선까지 걸어갔는데, 이 떼돈을 노리고 주막이 100여 개나 생겨났다. 주막에서는 떼꾼을 끌어들여 술과 안주를 권하고 여자를 붙여주기도 했다.

철도나 트럭·육로가 마땅치 않았던 시절 뗏목은 사람이나 물건을 먼 곳으로 운반하는 수단이었지만 지금은 거의 없어졌다. 지역 축제나 행사를 할 때 볼 수 있을 뿐이다. 하지만 현대판 떼돈을 벌 수 있다고 유혹하는 손길은 넘쳐난다. 물론 떼돈을 벌 수 있다면 좋겠지만 정당한 방법과 노력으로 버는 것이 무엇보다 중요하다.

참고 자료

「폐허가 되었던 조선왕조의 법궁(法宮), 다시 세우다」(한국학중앙연구원 글, 역사우리넷) / 「떼돈, 돈이 무리 지어 있다는 뜻이 아니다?」(《YTN》, 2017.02.13) / 「감입 곡류 하천-'떼돈 번다'의 유래를 찾아」(《EBS》 5분 사회 탐구) / 「'떼돈 번다'의 떼돈, 그 유래를 아시나요?」(《서울TV》, 2010.08.04) / 『읽고 나면 입이 근질근질해지는 한국사』(정훈이 지음, 생각의길)

# 바이킹족이 영어의
# 복수형을 바꾸었다

　많은 한국인에게 영어는 애증의 언어다. 학교에서 영어 공부를 하느라 고생했지만 외국인을 맞닥뜨리면 입이 떨어지지 않아서 자유롭게 대화할 수 없으니 민망하다. 문법은 또 얼마나 어려운가. 규칙 동사만 있으면 좋으련만 불규칙 동사는 왜 그리 많은지. 불규칙은 규칙이 없다는 것이니 모두 외워야 한다. 명사의 복수형도 불규칙 동사만큼 까다로워서 불규칙 복수 명사도 모두 외워야 한다. 그런데 지금 정도면 영문법이 아주 쉬워진 것이라고 한다.

　영어의 원조인 영국은 거석 유적으로 유명한 스톤헨지를 만든 켈트족이 살던 나라였다. 켈트족은 청동기시대의 독일 남동부, 라인강, 엘베강, 도나우강 유역에서 살다가 기원전 6~기원전 4세기 무렵 갈리아와 브리타니아로 진출했다. 기원전 55년경 로마 장군 율리우스 카이사르(Julius Caesar, BC 100~BC 44)가 브리튼섬에 침입해 현재 런던이 있는 남부 지방을 정복했으며, 이후 약 400년 동안 켈트족은 로마의 지배를 받았다. '브리튼'은 이때 로마화된 브리튼인(Britons)을 가리키는 말이었으나 의미가 점차 확대되어 브리튼섬 전체와 그 섬에 살던 잉글랜드인과 스코틀랜드인, 때에 따라서는 아일랜드섬을 포괄하는 말이 되었다. 그래서 오늘날 영국이 브리튼섬이 되었고 영국 사람들을 브리티시라고 부르게 된 것이다.

4세기에 게르만족이 서로마제국을 침략하자 로마군은 유럽 대륙을 방어하려고 브리튼에서 철수했다. 이로써 켈트족은 로마의 손에서 해방되었지만 부족 사이의 전투는 계속되었다. 이때 그들은 게르만족의 일파인 앵글로색슨족에게 도움을 요청했는데 앵글로색슨족은 도와주러 왔다가 오히려 원주민을 내쫓고 브리튼섬 남쪽을 차지해버렸다. 이것이 앵글족이 사는 섬(Angle+Land)으로 지금의 잉글랜드다.

하지만 부족 단위로 생활하고 하위 부족이 상위 부족에 종속되는 게르만족 특유의 사회체제 때문에 여러 왕국이 대립하

는 사이 바이킹이 쳐들어왔다. 앵글로색슨족은 바이킹과 871
년 무려 아홉 번이나 치열하게 전투를 벌였고, 마지막 전투에
서 앨프레드대왕(Alfred the Great, 재위 871~899)이 승리했다. 앨
프레드대왕은 바이킹과 평화조약을 맺고 휴전했으며 전쟁이
끝난 뒤에는 오히려 활발히 교류했다.

이들은 사용하는 언어가 서로 다른데 어떻게 소통했을까?
당시 앵글로색슨족은 고대 영어라고 해서 독일어에 기초한 게
르만어를 사용하고 있었다. 고대 영어에서는 단어의 복수 형
태가 대부분 불규칙했다. 게다가 이때까지는 복수형에 -s를

18세기 새뮤얼 우드퍼드가 그린 앨
프레드대왕

셍비더 암각화에 묘사된 바이킹 모습
(스웨덴 국립역사박물관 소장)

붙이는 규칙이 없었다. 그래서 달걀들은 Eggs가 아니라 Eggru, 문들은 Doors가 아니라 Doora, 빵들은 Breads가 아니라 Breadru 라고 했다. 단어 마지막에 다른 소리를 추가해 복수형을 만든 것이다. 이렇게 복수형이 또 하나의 단어가 되다시피 하니 바이킹이 복잡한 고대 영어를 배우기는 여간 어려운 일이 아니었다. 바이킹은 무자비한 침입과 전투, 약탈 등 '해적 민족'으로서 각지의 공포 대상이 될 정도로 전쟁에 치중하느라 원래 언어를 제대로 배우지 못했다.

여기서 바이킹족은 한 가지 묘안을 찾아냈다. 복수 구조가 매우 복잡한 고대 영어를 익히기 어려우니 영어 문법에 새로운 규칙을 만든 것이다. 이때 만들어진 규칙이 바로 단어 뒤에 -s를 붙여 복수형을 만드는 것으로, 책을 뜻하는 Book의 복수형은 Books가 되고 고양이를 나타내는 Cat의 복수형은 Cats가 되는 식이다.

바이킹족이 영국 땅에 살면서 영국 여인들과 혼인하게 되었고 시간이 흐르면서 아무도 고대 영어를 기억하지 못하자 고대 영어는 자연스럽게 역사 속으로 사라지고 지금의 복수 형태만 남게 되었다. 그중 아이를 뜻하는 Child의 복수형 Children, 치아를 뜻하는 Tooth의 복수형 Teeth처럼 기억하기 쉬운 단어들은 살아남았다. 또 양을 뜻하는 Sheep의 복수형은 그대로 Sheep이고 물고기를 뜻하는 Fish의 복수형도 그대로 Fish다. 오랫동안 사용해서 습관을 깨기 어려운 불규칙 단어만 몇몇 남아 전해지고 있다. 복잡했던 고대 영어의 복수형을 생각하면 우리는 지금 불규칙 단어가 많다고 불평할 수 없다. 바이킹이 아니었으면 Goat의 복수형 Gat이나 Book의 복수형 Beek, Bread의 복수형 Breadru 같은 불규칙 복수 단어 수백 수천 개를 외우며 골머리를 앓았을 테니 말이다.

영어나 라틴어에서는 이렇게 규칙을 따르느니 불규칙이니 하면서 복수형이 복잡하지만 한국어는 ~들, 일본어는 ~達(たち), 중국어는 ~们(men)과 같이 복수형이 단순할 뿐 아니라, 이마저도 자주 쓰지 않는다. 오히려 영어의 복수형을 그대로 번역한다며 지나치게 ~들을 많이 사용하는 것이 더 문제다. "식탁마다 빵과 우유가 몇 개씩 있다"라고 하면 될 텐데 "식탁들에는 빵들과 우유들이 있다"라고 하면 얼마나 어색한가.

영어를 배우면서 어려운 부분 중 하나가 불규칙 단어라고 생각했는데, 이마저 바이킹 덕분에 수월해진 것이라니 아이러니하다. 하지만 영어를 배우면 다양한 언어를 익혀 사고와 교류의 폭을 넓힐 수 있으니 권장할 일이다. 그렇다고 우리말까지 홀대하고 무시하면서 영어를 우선하는 태도는 생각해볼 문제다. 게다가 요즘은 방송에서든 대화에서든 영어를 섞어 써

대니 이러다 우리말이 사라지는 것은 아닌지 걱정스럽기까지 하다. 우리말을 바탕에 두고 다른 나라 말을 익히는 자세가 필요하다.

참고 자료

「복수형 단어 's'에 관한 간략한 역사」(테드 영상) / 「야만족들이 영어에 한 짓」(《이토랜드》, 2020.11.08) / 「유럽의 판도와 영어를 바꾼 노르만 정복」(《서울경제》, 2016.09.28) / 켈트족, 두산백과 / 알프레드 대왕, 두산백과 / 카이사르, 두산백과

# '엿 먹어라'는
# 왜 욕이 되었을까?

　엿은 지금처럼 간식의 종류가 다양하지 않던 시절에 꽤 인기 있는 간식거리였다. 동네마다 엿장수가 목판 밑에 직사각형의 대광주리를 받쳐 메거나 리어카에 엿을 싣고 다니면서 팔 정도였다. 엿장수가 "엿이요!" 하면 현금이 없는 집에서는 종이, 쇠붙이, 빈 병 같은 고물이나 벼, 보리 같은 곡식을 들고 나가 엿과 바꿔 먹었다. 아이들이 엿이 먹고 싶어 집에 필요한 물건을 엄마 몰래 엿장수에게 건넸다가 들통나서 혼나는 일도 있었다. 그야말로 추억의 간식거리로 요즘도 볼 수 있는 엿은 욕을 할 때도 쓰인다. 다디단 먹거리인 엿이 어떻게 욕으로 쓰이게 되었는지 알아보자.

엿이 우리나라에 처음 들어온 시기는 고려시대로 추정한다. 구체적인 기록은 고려시대 이규보(李奎報, 1168~1241)의『동국이상국집(東國李相國集)』에 처음 보인다. 엿은 먹을 것이 많지 않던 시절에 그나마 사 먹기 만만한 군것질거리였다. 엿장수는 현금이 없는 사람에게는 고물도 받았는데 고물의 값어치를 엿장수가 마음대로 정해 엿을 잘라주었으므로 '엿장수 마음대로'라는 말도 생겨났다. 엿장수가 엿을 늘이듯이 무슨 일이든

엿장수

자기 마음대로 이랬다저랬다 하는 모양을 이를 때 '엿장수 마음대로'라고 하는 것이다.

엿가락은 뽑아내는 과정에서 속에 구멍이 생기는데, 이를 이용해 '엿치기'라는 놀이를 하기도 했다. 엿가락을 부러뜨려 구멍이 큰 사람이 이기며, 진 사람이 엿값을 내거나 꿀밤을 맞는다. 그래서 구멍 크기를 두고 '내가 크네, 네가 작네' 하면서 시비가 붙기도 했다. 또 엿이 끈적거리다 보니 엿을 먹다가 이에 달라붙어 이가 빠져버리는 일도 있었다. 그래서 최근에는 먹기 쉽게 이에 달라붙지 않는 엿까지 나와 있다.

엿은 중요한 시험을 앞둔 사람에게 찹쌀떡과 함께 선물하기도 한다. 엿은 보통 딱딱하지만 온도가 높아지면 녹으면서 끈적거린다. 그래서 시험에 끈적끈적하게 착 붙으라는 뜻으로 엿을 선물하며 응원하는 것이다. 조선시대 유생들이 과거시험을 보러 갈 때 엿을 가져갔고 시험장에서 상인들이 엿을 팔았다는 기록이 있다. 시험을 치르는 수험생에게 엿을 선물하는 것도 하나의 전통인 셈이다.

엿은 크게 보면 식혜를 졸여 굳기 전에는 물엿, 조금 졸인 것은 조청이라고 하며, 바로 굳힌 것은 갱엿이라고 한다. 갱엿에 공기를 넣어 먹기 좋게 뽑아 만든 것이 우리가 흔히 먹는 가락엿이다. 가정이나 지역에 따라서도 독특한 엿이 있다. 가장 흔하고 대표적인 엿이 울릉도 호박엿이고 담양 창평쌀엿, 강원도 황골엿, 충청도 무엿, 제주도 닭엿과 꿩엿, 황해도 태식 등이 있다.

이렇게 좋은 의미로 사용되던 엿이 언제부터 무슨 이유로 욕을 하는 데 쓰이게 되었을까? 여기에는 여러 이야기가 전하는데, 먼저 엿을 만드는 재료와 관련이 있다. 엿은 찹쌀, 멥쌀, 옥수수, 수수, 감자, 고구마 같은 재료를 엿기름물에 삭힌 다음 국물만 짜내 졸여서 만든다. 그런데 1964년 12월 서울의 한 명문 중학교 입학시험 문제가 논란이 되었다. 엿을 만들 때 엿기름 대신 넣어서 엿을 만들 수 있는 것을 고르는 문제가 나왔는데 보기에 디아스타아제와 무즙이 같이 제시되었다. 정답은 디아스타아제였지만 무즙으로도 엿을 만들 수 있었고 이런 내용은 교과서에도 있었다. 교육청에서는 무즙을 오답으로 처리하면서 교육감이 무즙으로 엿을 만들어온다면 정답으로 인정해주겠다고 했다. 이 문제는 1점짜리였는데 0.8점에 당락이 걸린 수험생이 30명이 넘었다. 그러자 흥분한 학부모들은 무즙으로 만든 엿을 들고 교육청을 방문해 "엿 먹어라. 무즙으로 만든 엿이다"라고 외쳤다.

이 사건은 결국 재판까지 가서 학부모들이 승소했고, 무즙을 답이라고 한 학생들은 모두 원하는 중학교에 들어갔다. 당시 '무즙파동'으로 알려진 이 사건이 사람들 입에 오르내리면서 '엿 먹어라'가 욕이 되었다는 것이다.

다른 이야기도 있다. '엿'이라는 말이 조선시대 팔도를 떠돌던 남사당패가 쓰던 은어였다고 한다. 여성의 성기나 남성의 성기를 엿이라는 속어로 불렀으며, 엿 먹으라는 말은 곧 다른 사람과 성관계를 하거나 이 관계로 봉변을 당하라는 욕이었다는 것이다.

신문에서도 '엿 먹어라'의 유래를 다룬 글을 볼 수 있다. 1954년 8월 22일 《경향신문》 「古風·今俗(고풍·금속)」이라는 칼럼에서는 이 말이 조선시대 군역제도와 연관이 있다고 밝혔다. 당시 강원도 일부 지역의 군역 대상자들이 서울로 뽑혀가 왕십리 쪽에서 집단으로 살았다. 이 가운데 일부는 군역이 끝나도 고향으로 돌아가지 않고 초막(풀이나 짚으로 지붕을 얹어 만든 작은 막집)에서 살았는데 이를 사고팔기도 했다. 글을 모르는 백성이 많다보니 계약서 없이 초막을 사는 경우 동네 사람들에게 엿을 돌리면서 이 초막을 얼마에 샀다고 얘기를 하면서 증거를 남겼다고 한다. 그래서 집과 관련해 문제가 생기면 동네 사람들이 엿을 먹은 일로 '쓸데없는 말 하지 마라. 내가 몇 살 때 엿을 먹었다'고 증인이 되어 소유를 인정해 주는 것이다. 그래서 '엿 먹어라'를 '쓸데없는 소리 하지 마라'라는 뜻으로 썼다는 이야기다.

'엿 먹어라'가 어떻게 해서 욕이 되었는지 여러 가지 주장이 있지만, 그중 어느 것이 확실한지는 알 수 없다. 그러나 좋은 뜻으로 하는 말이 아닌 것만은 분명하다. 심지어 크게 골탕을 먹이거나 대갚음했을 때 '엿 먹어라'에서 나아가 '빅엿을 먹이다(날리다)'라는 말도 쓴다. 엿이 욕의 재료가 되든 합격을 기원하는 데 쓰이든 엿은 변함없이 다디달고 맛있는 먹거리다.

███ 참고 자료 ███

「'엿 먹어라'의 유래」(《한국일보》, 2015.03.25) / 「'엿 먹어라' 뜻-욕설이 된 이유의 또 다른 설들, 남사당패와 풍습설」(《키스세븐》, 2018.04.13) / 「"엿 먹어라?" 원래는 기쁨을 부르는 음식, 우리 풍속에 담긴 엿의 의미」(윤덕노 글, 《매일경제》, 2019.10.10) / 「"엿 먹어라"가 욕이 된 이유는?」(엿츠) / 「'엿 먹어라'가 욕이 된 사연」(《영남일보》, 2005.11.24) / 「엿 먹어라」(송백헌의 어원 산책, 《한국대학신문》, 2006.09.16) / 엿, 두산백과

# 고자질이라는 말은
# 어떻게 생겨났을까?

동생에게 잘못한 일을 들켰다. 부모님에게 절대로 말하지 말라고 신신당부하며 아이스크림까지 사주었다. 동생은 걱정하지 말라며 아이스크림을 맛있게 먹었다. 그래서 안심하고 있었는데 그날 저녁에 부모님이 화가 잔뜩 난 목소리로 부르셨다. 설마 하면서 동생을 쳐다보니 슬며시 눈길을 피한다. '아뿔싸! 동생이 일러바쳤구나.' 할 수 없이 부모님에게 이실직고하고 용서를 빌었다. 다행히 잘 넘어갔지만 동생을 드러내놓고 어떻게 할 수도 없었다. 동생이 야속하고 얄미워 한마디했다. "약속을 해놓고 고자질을 하다니…… 이 고자질쟁이야!" 이는 어느 집에서나 일어나는 일이다. 그런데 여기서 고자질이라는 말은 어디서 유래했을까?

남의 잘못이나 비밀을 일러바치는 것을 고자질이라 하고 그런 사람을 낮잡아 고자질쟁이라고 한다. 고자라고 하니 사극에서 보던 내시들이 떠오르는데 고자질과 '고자'가 관련이 있을까? 내시는 궁궐 안에서 잡무를 맡아 보던 관직이다. 내시는 고려시대에는 왕을 가까이에서 보필하며 정책을 논의했던 엘리트 관원이었으나 고려 말 환관이 내시직에 많이 진출하여 환관을 의미하는 말이 되었다. 이때 엘리트 관원인 내시는 거세자가 아니었으며, 문벌 귀족의 자제들이 높은 지위로 올라갈 수 있는 관문이기도 했다.

조선시대에는 처음부터 내시의 득세를 억제하는 정책을 펴서 내시는 세력이 상당히 약해졌고 주어진 일에서 크게 벗어나지 못했다. 그리고 왕의 측근으로서 궐 안에 머물러야 했기에 거세자만 자격이 있었다. 기본적으로 선천적인 거세자로 내시를 충원했지만 스스로 거세한 사람도 내시가 될 수 있었다. 내시는 왕을 가까이에서 모시니 비밀스러운 일을 많이 알게 되는데, 함부로 입 밖에 냈다가는 목숨이 위태로웠으므로 항상 입조심을 해야 한다. 그러니 거세자인 내시와 고자질이 관련이 있을까? 그런데 거세자를 뜻하는 고자는 한자로 鼓子

이고, 고자질에서의 고자는 告者이니 내시를 상징하는 고자와
고자질은 관련이 없다고 하는 이들도 있다.

고자질의 또 다른 유래로 중국 진(秦)나라 때 환관 조고(趙
高, ?~BC 207)와 관련된 이야기가 있다. 조고는 중국 최초로 천
하를 통일한 진시황이 죽자 승상 이사(李斯, ?~BC 208)와 짜고
진시황의 유서를 꾸며 시황제의 큰아들 부소(扶蘇)와 장군 몽
염(蒙恬)이 스스로 목숨을 끊게 만들었다. 그리고 시황제의 어
리석은 막내아들 호해(胡亥)를 이세황제(二世皇帝)로 삼아 제
마음대로 조종했다. 여기서 사슴을 가리켜 말이라고 한다는
지록위마(指鹿爲馬) 고사가 나왔다. 자신의 말이 곧 황제의 말
이라고 생각한 조고는 자기 힘이 어느 정도인지 알아보고 싶
었다. 그래서 이세황제에게 사슴을 바치며 말이라고 하자 황
제가 웃으며 사슴을 말이라고 하느냐 했다. 조고는 관원들
에게 이것이 사슴인지 말인지 물었지만 조고의 위세가 두려웠
던 사람들은 아무 말도 못 하거나 심지어 말이라고 했다. 조고
는 사슴이라고 한 일부 관원들에게 죄를 뒤집어씌워 죽였다.

그러자 조정에는 조고 말에 반대하는 사람이 없었고 오히려
아첨하는 사람만 늘어갔다. 그 후 윗사람을 농락하여 권세를
제 마음대로 휘두르는 것을 비유할 때 지록위마 고사를 인용
한다. 이렇듯 황제를 뛰어넘는 권력을 잡은 조고는 힘을 더욱

키우려고 양자를 들였다. 조정에는 조고의 양아들인 고자(高子)들이 설치고 다니게 되었는데, 여기서 고자질이라는 말이 나왔다고 한다. 누군가를 경멸하는 표현으로도 고자라는 말이 쓰였는데 '조고의 아들 같은 놈'이라는 뜻이다.

다른 이야기는 우리의 전통인 제사와 관련이 있다. 제사를 지낼 때 일을 진행하는 '집사자' 옆에서 말을 전하는 사람을 고자라고 했다. 한자로 아뢸 고(告)에 놈 자(者)를 썼으니 그야말로 말을 전하는 사람이라는 뜻이다. 남몰래 넌지시 일러바치는 사람을 '밀고자(密告者)'라고 하는데 여기서 앞 글자 '밀'이 빠지고 고자에 '질'을 붙여 고자질이 생겼다는 이야기도 있다.

또 다른 이야기도 있다. 조선시대에 각 고을 관아에 있는 창고의 출납을 맡아보던 하급관리를 고자(庫子)라고 했는데, 이들은 물화를 보관하는 창고를 관리했으므로 부정한 일도 많이 저질렀다. 나라에서는 이를 막기 위해 수시로 창고를 조사하고 불법행위를 발견하면 엄벌을 내렸다. 그러다 보니 창고를 검사하는 날이면 고자들이 하소연이나 변명 등 말이 많아서 그들이 하는 말을 고자질이라고 했다는 것이다.

세상에 잘 알려지지 않은 잘못이나 비리 따위를 드러내어 알리는 일을 고발이라고 하는데 사실 어디까지가 고발이고 어느 것이 고자질인지 그 경계를 가늠하기가 쉽지 않다. 말은 입

밖으로 나온 순간 절대로 비밀이 될 수 없다. 그러니 고자질인지 고발인지 판단이 서지 않는다면 개인의 이익을 위한 것인지 공익을 위한 것인지 고민해보는 것도 좋은 방법이다. 또 내가 보고 들은 것이 아니라면 섣불리 말을 옮기지 않는 것이 최선이다.

말 때문에 받는 재난을 설화(舌禍)라고 하듯이 말과 관련한 속담이 참 많다. 말 한마디로 천 냥 빚을 갚는다. 발 없는 말이 천 리 간다. 세 치 혀가 사람 잡는다. 혀 아래 도끼 들었다. 낮말은 새가 듣고 밤말은 쥐가 듣는다 등등. 고자질이라는 말의 유래를 확실하게 알 수는 없지만 여러 설을 종합해볼 때, 그 말이 나온 정황은 비슷해 보인다. 부정부패 속에서 말을 함부로 해서는 안 된다는 교훈적 의미가 담겨 있다.

참고 자료

「고자를 위한 변명, 고자질의 유래」(《이미디어》, 2016.04.26) / 「'고자질', 정말 내시와 관련 있나?」(《YTN》, 2016.03.21) / 「고자질은 내시의 짓?」(《아시아경제》, 2016.05.12) / 내시, 한국민족문화대백과 / 조고, 두산백과 / 지록위마, 두산백과 / 조고, 네이버 중국인물사전

# 『이상한 나라의 앨리스』속
# 모자 장수는 실존했다

어릴 적 잠자리에 누우면 공상을 참 많이 했다. 하늘을 날아
다닌다거나 망토를 두르고 감쪽같이 사라진다거나 지하세계
로 들어가 탐험하는 등 그야말로 상상 속에서나 있을 법한 사
건을 머릿속에 그리며 꿈나라로 간 적도 있다. 동화『이상한
나라의 앨리스』에는 이런 공상을 하며 그려보았을 만한 세상
이 담겨 있다. 흰토끼, 쐐기벌레, 고양이, 쥐, 도도새, 비둘기처
럼 주변에서 볼 수 있는 동물이 주인공 앨리스와 함께 등장한
다. 몸이 커졌다 작아졌다 하고 동물이 말을 한다. 하트 여왕
이 금방이라도 카드 병정들과 함께 들이닥칠 것 같다. 끝없는

『이상한 나라의 앨리스』의
작가 루이스 캐럴

상상 속으로 몰고 가는 이 책에는 모델이 된 실존 인물이 있
다. 앨리스와 함께 굴속으로 빨려 들어가 보자.

『이상한 나라의 앨리스』는 영국의 수학자이자 동화작가인
루이스 캐럴(Lewis Carroll, 1832~1898)이 1865년 발표한 동화
다. 캐럴은 유머와 환상이 가득 찬 작품을 남겨 근대 아동문학
을 확립한 사람 가운데 하나로 평가되고 있다. 본명이 찰스 럿
위지 도지슨(Charles Lutwidge Dodgson)인 캐럴은 유명한 단과대

학인 옥스퍼드 크라이스트처치에서 공부했는데 이 대학 리델 학장의 세 딸 로리나, 앨리스, 에스디에게 들려준 이야기들이 『이상한 나라의 앨리스』는 물론 속편인 『거울 나라의 앨리스』가 된다. 캐럴이 리델 학장의 둘째 딸 앨리스를 주인공으로 삼아서 환상의 세계를 펼쳐낸 것이다.

캐럴은 작품마다 자신을 캐릭터에 투영하는 것을 좋아했다. 이 이야기를 지어낼 때도 주인공의 모델인 앨리스와 그 언니, 동생 그리고 동료 신학생인 로빈슨 더크워스와 뱃놀이를 했는데 이들은 제3장 「코커스 경주와 긴 이야기」에 등장한다. 캐럴은 평소 말을 약간 더듬어서 자신을 소개할 때면 "도…… 도, 도지슨입니다"라고 했는데 앨리스에게 코커스 경주법을 알려주던 도도새가 바로 작가 자신을 투영한 것이라고 한다. 로빈슨 더크워스는 성의 앞 글자를 따서 오리(Duck)가 되었고 언니 로리나는 앵무새(Lory), 동생 에스디는 어린 독수리(Eaglet)가 되었다. 또 앨리스를 이상한 나라로 이끈 흰토끼는 작아진 앨리스 앞에서는 매우 거만하고 커진 앨리스 앞에서는 순한 양이 되는데, 이는 당시 소시민을 풍자한 것이다. 언제나 입이 귀에 걸리도록 웃고 있는 이상한 체셔 고양이는 영국 체스터 지방에서 고양이 모양 조각이나 치즈 틀을 일컫던 말이다.

이렇듯 캐릭터마다 캐럴의 오랜 관찰과 고민이 녹아 있는데

존 테니얼이 그린 『이상한 나라의 앨리스』 삽화로 맨 오른쪽이 모자 장수

그중 관심을 끄는 주인공은 모자 장수다. 『이상한 나라의 앨리스』에서는 해터, 즉 모자 장수일 뿐인데 다른 동물들이 미쳤다고 하면서 매드 해터(Mad Hatter)가 되었다. 이 모자 장수는 왜 미쳤을까? 제7장 「미치광이 다과회」에서 등장하는 모자 장수는 앨리스와 처음 만났을 때 언제나 오후 6시에 3월 토끼의 집에서 하는 다과회에서 끝없이 차를 마셨다. 매드 해터는 '톱 해트(Top Hat)'라는 모자를 썼는데 이는 챙이 있고 높이가 높으며 재질을 실크로 덧댄 모양으로 1700년대 후반 유럽에서 등장했다. 톱 해트는 위엄과 기품을 드러내는 것으로 여겨져

신사들의 필수품이 되면서 19세기는 톱 해트의 세기라고 할 만큼 인기를 끌었다. 그중에서도 실크보다는 비버(Beaver) 가죽으로 만든 것이 방수 효과가 좋았다.

비버나 토끼 같은 동물의 가죽에서 털을 벗겨낼 때 수은 용액을 사용한다. 이전에는 펠트(양털이나 그 밖의 짐승 털에 습기·열·압력을 가해 만든 천으로 신발, 모자, 양탄자 따위를 만듦)를 만드는 기술 중 하나가 오줌을 이용하는 것이었다. 그래서 모든 공장에서 동물 털을 오줌에 담가 치대고 빨았다. 수은은 이 시대에 창궐한 매독 치료제로 쓰였기에 장인들은 수은이 다량 녹아 있는 오줌에 비버의 털을 넣고 손으로 비비고 빨았다. 그러다 수은 용액을 사용하면 결과물이 더 좋아진다는 사실을 발견하면서 너도나도 수은 용액에 비버 가죽을 담가서 빨았다. 수은 용액을 쓴 펠트는 가장자리가 마르면 주황색으로 변해서 이를 캐로팅(Carroting) 작업이라고도 했다. 모자 장인들은 밀폐된 공간에서 아무런 안전 장비도 없이 맨손으로 수은을 문지르며 비볐고 그 결과 수은 중독 증상을 보이기 시작했다.

장인들은 피부에 물집이 생기고 머리카락과 손발톱이 빠졌다. 이가 검게 변해 빠지고 손을 떨었으며 몸을 가누지 못하면서 우울감, 불면증, 환각 등의 증상을 보였다. 이러한 현상 때문에 1837년경 영국 사회에서는 미치거나 기묘하게 행동하는 사람더러 '모자장이처럼 미친(As Mad as a Hatter), 모자 장수 떨림(The Hatters' Shakes)'이라고 했다. 이런 말이 유행하던 시기와 비슷한 1865년에 『이상한 나라의 앨리스』가 출간되었으니, 이 책 속 모자 장수는 수은에 중독되었던 모자 장인들이 모티프가 되었다고 볼 수 있다.

환상의 세계에 가볍지만 잘 짜인 농담과 말장난, 패러디, 시대 풍자가 어우러져 전 세계 어린이에게 사랑을 받는 『이상한 나라의 앨리스』에 이런 시대상이 반영되어 있다니 한편으로는 안타깝다. 하지만 자유로운 영혼을 꿈꾸고 소망한 일이 이루어질 것 같은 느낌, 새로운 일이 일어났으면 하는 바람을 안고 『이상한 나라의 앨리스』에 빠져보는 것도 지루한 일상에서 한줄기 활력을 얻는 방법이 될 것이다.

▬ 참고 자료

「이상한 나라의 앨리스, 누가 모자장수를 미치게 하는가?」(카페에서 책읽기 글, 《브런치》, 2016.07.22) / 『1%를 위한 상식백과』(베탄 패트릭 외 지음, 써네스트) / 이상한 나라의 앨리스, 위키백과 / 루이스 캐럴, 두산백과

# 궁궐은 다 지었는데 어처구니가 없네!

　"어이가 없네." 2015년 개봉한 영화 〈베테랑〉에 나온 이 말을 한 번쯤 따라 해보았을 것이다. 많은 TV 프로그램에서 출연자들이 이 말을 따라 하면서 누가 더 영화 주인공과 비슷하게 모사하는지 겨뤄보기도 했다. 그리고 영화에서는 주인공이 "맷돌에 뭘 갈려고 집어넣고 맷돌을 돌리려고 하는데 손잡이가 빠졌네? 이런 상황을 어이가 없다 그래요"라고 했는데, 정말 어이가 맷돌의 손잡이를 가리키는지 궁금했다. 국어사전을 찾아보면 '어이'에 맷돌의 손잡이라는 뜻은 없다. 사투리라거나 옛말이라는 설명도 없다. 그런데 왜 영화에서는 어이를 맷

경복궁 내의 건물 지붕에서 볼 수 있는 어처구니(잡상)

돌의 손잡이라고 했을까?

국어사전에는 '어이없다'는 말이 표제어로 올라와 있다. 어이없다는 '일이 너무 뜻밖이어서 기가 막히는 듯하다'라고 풀이하고 비슷한 말로 '어처구니없다'를 제시해놓았다. 어처구니는 국어사전에 올라 있는 '엄청나게 큰 사람이나 사물'이라는 뜻 외에 다른 뜻도 있다. 궁궐 추녀마루 끝자락에 쪼르르 올라 앉아 있는 조형물을 일컫는다. 경복궁이나 창덕궁, 남대문 등의 건물 지붕 위에 올려져 있는 이 조형물을 볼 때마다 무엇으로 만들었는지, 무엇을 상징하는지, 왜 올렸는지 궁금했다. 귀여워 보이기까지 하는 이 조형물은 동물의 모양을 본떠 흙으로 만들어 올리는데, 이들을 합쳐서 어처구니(잡상, 雜

像)라고 한다. 어처구니는 민가에는 설치하지 않고 궁궐에만 두다 보니 어처구니를 올리는 건물은 아주 적을 수밖에 없었다. 그래서 지붕을 공사하는 사람들이 깜빡 잊고 어처구니를 올리지 않고 공사를 마무리하는 경우가 종종 있었다. 그럴 때 지붕을 올려다보며 허탈한 표정으로 어처구니없다고 했다는 것이다.

그런데 어처구니가 원래 맷돌의 손잡이를 일컫는다는 말이 있다. 맷돌은 돌 두 개를 위와 아래로 놓고 위쪽에 난 구멍으로 곡물을 넣어 돌리면 두 돌의 틈으로 곡물이 빠져나오면서 갈리게 하는 연장이다. 아래쪽 돌의 가운데 부분에 물림 장치를 해서 아래에 있는 돌과 위에 있는 돌이 꽉 맞물리게 한다. 그렇게 하지 않으면 헛돌거나 어긋나서 곡물이 잘 갈리지 않는다. 이때 맷돌의 위와 아래를 연결해주는 막대 손잡이를 어처구니라고 한다는 말이다. 흔히 난감한 상황에서 쓰는 '어처구니가 없다'는 말은 이 맷돌의 손잡이가 없어 맷돌을 돌리지 못하니 문제라는 뜻이다.

어처구니는 맷돌의 손잡이가 아니라는 주장도 있다. 또한 어이도 맷돌의 손잡이가 아니며 '맷손'이 맷돌의 손잡이라고 한다. 실제로 국어사전에는 맷손이 표제어로 올라와 있다. 암키와와 수키와를 맞물리게 하는 부분이 어처구니라는 주장도 있다. 이렇듯 지금 우리는 어처구니의 정확한 어원을 알 수 없다. 다만 어떤 물건이 제 기능을 발휘하기 위해 꼭 필요하고 없어서는 안 될 중요한 부분을 어처구니라고 할 수 있을 뿐이다.

그럼 지붕 위에 작은 조각상인 어처구니를 올리는 데는 어떤 의미가 있었을까? 중국 송나라 때부터 건물에 악귀나 화재를 쫓으려고 주술적 의미로 조각상을 올렸는데, 이것을 조선시대에 격이 높은 건물에 올리면서 왕궁을 상징하게 되었다. 조선시대의 문학가이자 외교가인 유몽인(柳夢寅, 1559~1623)이 지은 『어우야담(於于野譚)』에 따르면 어처구니는 궁궐이나 도성 성문에 3개에서 11개까지 올라가는데 각각 대당사부, 손행자, 저팔계, 사화상, 마화상, 삼살보살, 이구룡, 천산갑, 이귀박, 나토두 등으로 불렸다고 한다. 여기서 대당사부는 삼장법사, 손행자는 손오공, 사화상은 사오정을 뜻하는 것으로 저팔계와 함께 『서유기』의 주인공들을 상징한다. 그 외에는 도교의 잡신 등으로 마화상은 말 형상으로 『서유기』에는 필마온으로 나온다. 삼살보살은 3살이란 재앙을 막아주는 보살로 인물상이고, 이구룡은 입이 두 개인 용의 형상이고, 천산갑은 뒷머리에 뿔이 나있는 포유동물이고, 이귀박은 불교 용어로 두 가지 욕구를 표현한 형상이고, 나토두는 짐승같이 생긴 귀신으로 용과 곰의 형상을 하고 있다.

잡상은 각자 특성이 있어서 맡은 역할도 달랐을 텐데 그것이 무엇인지 다 밝혀내지 못했다. 잡상의 수는 홀수로 만드는데 일반적으로는 5개를 올리며 경복궁 근정전에는 7개, 창덕궁 인정전에는 9개, 경복궁 경회루에는 11개가 올려져 있다. 우리가 잘 알다시피 조선은 유교 국가로 유교를 숭상하고 불교를 억압하는 정책을 폈다. 그런데 궁궐을 지키고 액을 쫓는 의미로 올린 조각상은 불교 이야기를 다룬 『서유기』에서 가져왔다는 것이 어쩐지 모순처럼 느껴진다. 하지만 건물에 위엄을 더하는 것은 물론 불에 타기 쉬운 목재를 사용한 건물의 화재를 잡상이 막아줄 것이라는 간절한 마음을 담은 것으로 해석할 수 있다.

말도 시대의 흐름에 따라 사라지거나 새로운 말이 생겨나기도 한다. 말에도 사람처럼 일생이 있는 것이다. 그리고 우리가 일상에서 쓰는 말 가운데 원래 의미는 없어지고 관용적인 의미만 남은 말들이 적지 않다. 맷돌이든 궁궐의 지붕이든 기능상 필요해서 그 자리에 놓았을 뿐인데 여기서 비롯된 관용표현이 지금은 원래 뜻과 전혀 다른 의미로 쓰이고 있다.

어처구니없다와 같은 뜻으로 쓰이는 말 중 '얼척없다'는 어처구니없다의 방언이라고 한다. 더 나아가 같은 뜻으로 쓰는 '얼탱이없다'는 말도 있는데, 얼척의 '얼'과 표현을 과장하여 속되게 만드는 접미사 '탱이'의 합성어다. 이렇듯 앞으로 또 어떤 말과 말이 만나 새로운 표현이 나올지 지켜보는 것도 흥미로운 일이다.

참고 자료

「궁궐건축의 잡상」(문화재청, 2009.04.10) / 「'어처구니가 없다'… 어처구니가 무슨 뜻이죠?」(《한겨레》, 2006.10.17) / 『살아 있는 한자 교과서』(정민 외 글, 휴머니스트) / 잡상(雜像), 한국민족문화대백과 / 「잡상(雜像), 어처구니 - 대당사부(大唐師父), 조선 중기」(원각사성보박물관, 2013.07.08)

LIVING CULTURE 4

반전이
있는
예술과
패션

# 죽음을 부르는
# 블루 호프 다이아몬드

반전이 있는 예술과 패션

'결혼 반지에 어떤 보석을 넣을 것인가?'라고 물으면 대부분의 예비 부부는 다이아몬드라고 답할 것이다. '다이아몬드는 영원하다'라는 광고 문구가 나온 뒤 다이아몬드는 영원히 변치 않는 사랑의 상징이 되었다. 그 후 국적을 불문하고 전 세계 신부들의 사랑을 받아 결혼 예물 분야에서 확고부동한 위치를 차지했다. 이렇게 사랑과 영원을 의미하는 다이아몬드지만, 죽음을 부르는 다이아몬드도 있다. 세상에서 가장 크고 아름다우며 동시에 역사상 가장 저주받은 다이아몬드인 블루 호프 다이아몬드다. 어떤 내력이 있기에 저주받은 다이아몬드라

블루 호프 다이아몬드

부르는 것일까?

블루 호프 다이아몬드는 네덜란드 출신의 보석 수집가 헨리 필립 호프(Henry Philip Hope, 1774~1839)가 구입하면서 그의 이름을 따서 붙여진 이름이다. 블루 호프 다이아몬드는 무려 45.52캐럿으로 짙푸른 바닷물과 같은 영롱한 푸른색 빛깔을 가졌다. 또한 자외선에 노출되면 핏빛으로 빛나기도 한다. 세계에서 가장 유명한 보석 중 하나인 이 다이아몬드는 현재 미국의 스미소니언 박물관에 전시되어 있다.

이 아름다운 보석이 저주받은 다이아몬드로 알려지게 된 것은 이를 소유한 사람들의 대부분이 갑작스럽게 사망했기 때문이다. 블루 호프 다이아몬드의 주인 중 기록이 남아 있는 최초의 소유자인 프랑스 출신 보석상 장 밥티스트 타베르니에(Jean-Baptiste Tavernier, 1605~1689)부터 루이 14세(Louis XIV, 재위 1643~1715), 루이 16세(Louis XVI, 재위 1774~1792)와 그의 부인 마리 앙투아네트(Marie Antoinette, 1755~1793) 그리고 헨리 필립 호프까지 여러 소유자들이 이 다이아몬드를 보유한 후 죽음에 이르렀다. 그렇기에 그들의 죽음이 저주로 인한 것이 아닐까 하는 소문이 생겨났고, 어느새 블루 호프 다이아몬드는 저주 받은 다이아몬드로 알려지게 된 것이다.

이러한 블루 호프 다이아몬드의 저주에 의문을 가진 사람이 나타났다. 미국의 보석 전문가 수전 스테이넘 패치(Susanne Steinem Patch, 1925~2007)는 블루 호프 다이아몬드에 얽힌 저주에 대해 조사하다가 저주를 받았다는 소유주들의 죽음이 사실과 다르다는 것을 발견했다. 이 다이아몬드의 최초 발견과 소유에 관한 사실은 분명치 않으나, 기록이 남아 있는 첫 소유주인 타베르니에는 인도 힌두 사원에서 블루 호프 다이아몬드를 훔쳤고 그 후 여행 도중 늑대에게 물려 사망했다고 전해졌다. 바로 이 죽음이 저주의 시작이라고 알려진 것이다. 그러나 수전 스테이넘 패치의 조사 결과 실제 타베르니에는 부유한 삶을 살다 자연사한 것으로 밝혀졌으며, 그가 인도 사원에서 블루 호프 다이아몬드를 훔쳤다는 것 또한 근거를 찾을 수 없었다. 그 다음 소유주인 루이 14세 역시 블루 호프 다이아몬드를 소유하게 된 직후 사망한 것으로 알려졌으나, 실제 사망 시기는 다이아몬드를 소유한 후 수십 년이 지난 뒤였다. 이렇듯 저주로 볼 수 없는 사례들을 발견한 수전 스테이넘 패치는 블루 호프 다이아몬드의 저주가 한 남성의 거짓말에서 시작되었다고 주장했다.

프랑스의 보석상 피에르 카르티에(Pierre Camille Cartier, 1878~1964)는 1908년 블루 호프 다이아몬드를 구입한다. 이후 1912년 미국의 에벌린 월시 매클레인(Evalyn Walsh McLean, 1886~1947)이라는 여성에게 이 다이아몬드를 판매했는데, 이 과정에서 구매자의 이목을 끌기 위해 저주받은 다이아몬드라는 이야기가 만들어졌다. 매클레인은 원래 블루 호프 다이아몬드에 별 관심이 없었는데, 카르티에가 그녀의 과시적이고 타인의 관심을 즐기는 성향을 자극하여 다이아몬드를 비싼 값에 판매하기 위해 세일즈 전략을 세운다. 최초 소유자 타베르니에부터 루이 14세, 루이 16세, 마리 앙투아네트 등 과거 블루 호프 다이아몬드를 소유했던 사람들의 죽음을 엮어 저주받은 다이아몬드에 대한 이야기를 만들어낸 것이다. 이러한 스토리텔링으로 블루 호프 다이아몬드는 매클레인의 마음을 사로잡는 데 성공하여 그의 소유가 된다. 그런데 이후 블루 호

프 다이아몬드의 소유자가 된 매클레인에게 끔찍한 일들이 연
달아 일어났다. 그녀의 자식들은 사고로 죽거나 마약중독자
가 되었고, 남편은 정신병원에서 사망한다. 그러한 비극을 연
이어 겪은 매클레인도 결국 알코올에 중독되어 삶을 마감하고
만다. 카르티에가 지어낸 이야기가 진짜 저주처럼 되어버린
것이다.

블루 호프 다이아몬드 외에도 저주받았다고 알려진 다이아
몬드가 3개 더 있는데 상시, 리전트, 피렌체라는 이름의 다이
아몬드다. 상시 다이아몬드는 55.23캐럿에 복숭아 씨앗 모
양으로 생겼는데, 이를 소유한 영국 왕실은 1688년 명예혁명
으로 몰락했다. 이후 소유주인 마리 앙투아네트도 프랑스혁
명 시기 죽음을 맞이하면서 저주받은 다이아몬드로 불리게 된
것이다. 140.64캐럿의 리전트 다이아몬드는 1717년 프랑스 왕
실로 넘어가 마리 앙투아네트와 나폴레옹 보나파르트(Napoléon
Bonaparte, 1769~1821)의 손을 거친다. 마리 앙투아네트의 죽음
그리고 나폴레옹의 실각과 연결되어 저주의 이미지가 만들어
졌다. 피렌체 다이아몬드도 비슷한 내력을 가지고 있다. 137.27
캐럿에 황색 빛을 띤 이 다이아몬드는 18세기 오스트리아의
황후 마리아 테레지아(Maria Theresia, 재위 1740~1780)의 소유가
된 이후 그녀의 딸인 마리 앙투아네트에게 전해지고 나폴레옹

보나파르트를 거쳐 다시 오스트리아의 지타 마리아 황후(Zita Maria, 재위 1916~1918)의 소유가 된다. 그러나 20세기 초 합스부르크 왕가의 몰락과 함께 자취가 묘연해졌다.

블루 호프 다이아몬드의 저주는 스토리텔링을 이용한 마케팅 전략에서 탄생했지만, 그 후 일어난 비극적인 사건 때문에 여전히 저주의 다이아몬드로 불리고 있다. 정확한 진실이 무엇인지 알 수 없지만, 아름다운 보석을 향한 인간의 탐욕이 저주를 만들어낸 것은 아닐까.

참고 자료

『세계를 움직인 돌』(윤성원 지음, 모요사) / 「다이아몬드, 저주받은 보석?」(김종화 글, 《아시아경제》, 2020.02.04) / Hope Diamond, 위키백과 / 다이아몬드, 네이버캐스트(지구과학산책)

# 하이힐의 반전

반전이 있는 예술과 패션

    다리에 딱 달라붙는 스타킹과 높은 굽의 하이힐은 오늘날 여성들의 패션 아이템이 되었다. 일상생활에서 널리 사용될 뿐 아니라 섹시함을 강조하기도 하면서 오늘날 스타킹과 하이힐은 여성을 상징하는 물건처럼 여겨진다.

    스타킹의 기원은 중세시대에 만들어진 남성용 타이즈였다. 당시 남성들이 맨살에 갑옷을 입으면 갑옷의 금속 재질에 의해 피부가 긁혀서 상처가 생기거나 오랜 시간 쇠와 접촉하여 피부병이 생기곤 했다. 이러한 상처와 피부병을 방지하기 위해 갑옷 아래에 받쳐 입던 의복이 스타킹의 시작이었다. 오늘날 가장 여성적인 패션용품 중 하나로 인식되는 스타킹이 과거에는 남성용 의류였던 것이다. 이러한 스타킹과 아주 유사한 유래를 가진 아이템이 있는데, 바로 하이힐이다. 오늘날 여성들이 흔히 사용하는 용품들의 시작이 남성들의 전유물이었다니 재미있지 않은가. 어떻게 해서 남성들이 하이힐을 신게 되었는지 그 유래를 찾아가 보자.

하이힐(Highheel)은 높다라는 뜻의 하이(High)와 발뒤꿈치를 의미하는 힐(Heel)이 합쳐진 말이다. 말 그대로 굽이 높은 신발을 의미하는데, 이러한 높은 굽을 가진 신발은 오랜 역사를 지녔다. 가장 오래된 하이힐은 기원전 3500년 무렵 고대 이집트 벽화에서 찾아볼 수 있다. 벽화에 새겨진 기록에 따르면 이집트의 상류층은 남녀 구분 없이 모두 굽이 있는 신발을 신었다. 그들은 자신들의 권력을 과시하기 위해 높은 굽의 신발을 신었고, 반대로 계급이 낮은 사람들은 맨발로 다녔다. 고대 이집트에서는 높은 굽의 신발이 계급을 나타내는 도구였던 것이다. 예외도 있었는데, 가축 도살을 직업으로 삼은 사람들도 발에 피나 내장이 묻는 것을 막기 위해 굽이 높은 신발을 신었다.

고대 그리스에도 높은 굽을 가진 하이힐이 존재했다. 기원전 5세기경 그리스의 극작가 아이스킬로스(Aeschylos, BC 525~BC 456)는 무대 위에서 배우들이 돋보일 수 있도록 '코르

토르노스(Korthornos)'라는 높은 통굽 신발을 신게 했다. 연극배우가 하이힐을 신는 문화는 기원후 로마시대로까지 이어졌다.

하이힐은 언제부터 남성이 신는 신발이 된 것일까? 이는 9세기경 페르시아에서 시작되었다. 페르시아의 기마병들은 전투에 나설 때 굽 있는 신발을 신었다. 신발의 굽이 말의 등자에 잘 고정되도록 하기 위해서였다. 말 위에서 전투를 하고 활을 쏠 때 등자와 발이 고정되어 있으면 훨씬 안정감 있게 움직일 수 있기 때문이다.

전투 신발이었던 하이힐이 아름다움과 패션을 위한 신발로 변하는 것은 17세기 무렵의 일이다. 17세기 페르시아는 유럽의 여러 나라들과 교류를 하기 위해 군인 사절단을 러시아, 독일, 에스파냐 등에 보냈다. 이때 페르시아 군인이 신은 하이힐이 유럽 귀족들에게 전파되어 그들의 마음을 사로잡았다.

당시 유럽에도 하이힐이 존재했다. 중세 유럽의 오물로 더

영국인이 신은 나막신 형태의 패튼

중세 유럽에서 신던 초핀

럽혀진 도로에서 발과 의복을 보호하기 위해 고안된 덧신 형태의 패튼(Patten)이라는 굽 높은 신발이 있었다. 그뿐 아니라 15세기에는 초핀(Chopine)이라는 이름의 여성용 하이힐도 등장했다. 귀족 여성들이 착용한 초핀의 높은 굽은 그들의 사회적 지위를 나타낸다. 다시 말해, 당시 유럽인들에게 굽 높은 신발은 오물을 피하기 위한 실용적 도구거나 여성들의 패션 아이템이었다. 그러다 페르시아 기병들의 탄탄한 하체에서 남성미를 느낀 유럽의 귀족 남성들이 그들을 따라 너도나도 하이힐을 신으면서 유행이 시작되었다.

이때 하이힐의 유행에 큰 역할을 한 인물이 있다. 누구보다 하이힐을 사랑한 프랑스의 왕 루이 14세다. 그는 더욱 돋보이기 위해 높은 굽의 하이힐을 신었다. 사실 루이 14세는 자신의 작은 키에 대한 콤플렉스가 있었다고 한다. 그래서 하이힐을 즐겨 신었고, 하이힐에 대한 열정으로 우아한 곡선의 뒷굽과 다이아몬드 버클 장식을 달기까지 해서 특별히 루이힐이라는 새로운 하이힐 트렌드를 탄생시키기도 했다. 루이 14세의 하이힐 사랑은 자연스럽게 귀족들에게 전파되어 유럽을 휩쓰는 하이힐 열풍을 만들어냈다. 루이 14세가 하이힐을 패션 아이템으로 바꾸었다고 말해도 과언이 아니다.

17세기 하이힐 열풍은 귀족 여성들의 관심을 끌었고, 18세

이아생트 리고가 그린 하이힐을 신고 있는 루이 14세의 모습(1702)

기 들어서 귀족 여성들도 하이힐을 자주 신게 되었다. 높은 굽이 여성의 각선미와 발등을 강조하는 역할을 하면서 주목받던 하이힐은 19세기 영국 빅토리아 여왕의 시대가 되었을 때에 상류층 여성들은 물론이고 평민 여성들에게도 인기 있는 신발로 자리 잡게 된다. 여성들에게 널리 퍼진 하이힐은 곧 미국으로 넘어가 또 다른 유행을 만든다. 특히 매릴린 먼로(Marilyn Monroe, 1926~1962) 같은 할리우드 스타들이 신기 시작하면서 하이힐은 전 세계로 퍼져나갔고 동시에 남성용 하이힐은 자취를 감추었다.

신발이나 의복은 당시의 생활양식을 나타내는 하나의 지표다. 시대가 바뀌면 생활양식이 변하고 그에 따라 우리가 애용하는 물건들도 변화하는 것이다. 권력과 남성성을 나타내는 신발에서 아름다움과 여성을 상징하는 패션 아이템이 되기까지 하이힐의 변화에는 인류의 역사가 녹아 있다.

참고 자료

「하이힐, 생각보다 오래전부터 신어」(박연수 글, 《이웃집과학자》, 2017.9.19) / 「'하이힐' 원래 남성들의 전유물?」(《우먼타임스》, 2020.01.17) / 「하이힐 신는 남자, 알고보니 "똥 때문이야"」(《매일경제》, 2011.04.19) / 「하이힐은 어떻게 여성의 전유물이 되었나」(《시사IN》, 2019.11.30) / 「하이힐 굽이 높아진 이유」(《한경》, 2018.06.03) / 「하이힐」(《서울경제》, 2019.06.06) / 「스타킹의 역사」(《중앙일보》, 2011.02.22) / 「18세기 하이힐 디자인의 특성 및 연대추정에 관한 연구」(김선아 글, 《한국의류산업학회지》 제10권 제2호, 2008)

# 웨딩드레스는
# 왜 흰색일까?

코로나19 바이러스의 확산은 우리의 생활양식을 크게 바꾸어 놓았다. 특히 여러 사람이 한장소에 모이는 크고 작은 행사들은 코로나 사태로 인한 사회적 거리두기 정책에 따라 직격탄을 맞았다. 대표적인 예가 결혼식이다. 결혼식은 예부터 신랑과 신부의 친인척, 친구, 직장 동료 등 많은 사람이 참석하는 대규모 행사였다. 하지만 코로나19 바이러스로 인해 여러 사람이 한자리에 모이는 행위가 불가능해지거나 가능하더라도 참석하는 당사자들이 꺼리게 되었다. 한편 2010년대 들어서 가수 이효리와 이상순, 배우 원빈과 이나영 등의 인기 연예인들이 자신들의 결혼식에 적은 수의 하객만을 초청하면서 소규모 결혼식이 주목받기 시작했다. 이를 '스몰 웨딩'이라고 하는데 우리나라의 스몰 웨딩은 '적은 수의 하객'이 참석하는 결혼식으로 그 방식이나 형태가 딱히 정해진 것은 아니다.

다만 사람들이 흔히 상상하는 이미지는 존재하는데, 그 원형은 미국이나 유럽권 국가들에서 볼 수 있는 '하우스 웨딩'이다. 이러한 결혼식의 모습은 2013년 개봉하여 우리나라에서도 크게 흥행한 영화 〈어바웃 타임(About Time)〉에서 찾아볼 수 있다. 〈어바웃 타임〉은 시간 여행을 할 수 있는 남자주인공 팀이 과거로 돌아가는 능력을 활용하여 여자주인공 메리의 사

웨딩드레스

랑을 쟁취하고 행복을 찾아간다는 내용의 로맨스 영화다. 영화 속에서 두 주인공의 결혼식은 팀의 집에서 이루어진다. 익숙한 장소에서 좋아하는 사람들과 파티처럼 진행되는 결혼식은 소박하지만 따듯한 감정을 잘 표현하여 명장면 중 하나가 된다. 이 장면에서 우리의 눈길을 확 끄는 부분이 있다. 여주인공 메리가 입은 강렬한 빨간색 웨딩드레스다. 메리가 입은 빨간 드레스는 엄숙한 예식이 아닌 떠들썩한 파티 분위기의 하우스 웨딩과 너무 잘 어울려 흰색 웨딩드레스에 익숙한 우리에게 시각적 충격을 준다. 오늘날 주변에서 흰색 이외의 웨딩드레스는 거의 찾아볼 수가 없기에 웨딩드레스는 무조건 흰색이어야 한다는 고정관념이 생겨났다. 그런데 웨딩드레스는 왜 흰색이어야 하는 것일까? 다른 화려한 색상의 웨딩드레스는 현실이 아닌 영화 속에서나 볼 수 있는 것일까?

사실 흰색 웨딩드레스의 역사는 길지 않다. 그 이전 사람들은 각 시대와 문화에 따라 여러 가지 색상을 사용했다. 고대 그리스 사람들은 붉은색이 악마를 쫓아낸다고 믿었다. 그래서 신부들은 결혼식 때 주로 붉은색으로 치장했다. 리넨이나 실크로 웨딩드레스를 만들어 자수를 놓아 화려하게 장식했고 머리에는 붉은색 베일을 썼다. 고대 로마에서는 행운을 상징하는 노란색이 주로 사용되었다. 흰색도 사용되었는데, 로마시대의 흰색은 기쁨을 상징했다. 당시에는 웨딩드레스보다도 베일과 신발의 색상에 더 의미를 두었기에 노란색 베일과 신발을 자주 착용했다. 중세에도 결혼식에서 붉은색이 큰 역할을 한다. 신부는 붉은색 드레스를 입고, 붉은색 리본으로 머리를 장식하고, 마차까지도 붉은색 장식을 했다. 붉은색만 사용된 것은 아니고 다른 색상도 다양하게 활용해 화려하게 꾸몄다. 그러나 흰색은 당시 상복의 색이었기에 결혼식에서는 사용하지 않았다.

그런데도 중세에 흰색 웨딩드레스를 입었던 신부가 있었다. 1406년 덴마크의 왕 에릭(Eric of Pomerania, 1381?~1459)과 결혼한 영국의 필리파 공주(Philippa of England, 1394~1430)가 그 주인공이다. 필리파 공주는 왕실 결혼식에서 역사상 최초로 흰색 드레스를 입은 신부로 기록되었다. 하지만 그녀의 흰색 웨딩드레스는 당시에 별다른 파급력을 가지지 못했고 이후 르네상스시대 초기까지 혼인을 상징하는 색은 계속 붉은색이었다. 16세기에 들어서면 결혼식 의복에서 유채색의 비중이 점점 줄어들고 검정색과 흰색의 비중이 늘어나게 된다. 이 시기에 흰색 웨딩드레스도 다시 모습을 드러냈는데, 당시의 흰색 드레스는 신분과 부를 상징했다. 소수의 상류층 출신 신부들만 흰색 웨딩드레스를 입은 것이다. 1558년 프랑스의 프랑수아

조지 헤이터가 그린 빅토리아 여왕의 결혼식(1840). 흰색 웨딩드레스를 입은 빅토리아 여왕의 모습을 볼 수 있다.

2세(Francis II, 재위 1559~1560)와 결혼한 스코틀랜드의 왕녀 메리 스튜어트(Mary Stuart, 1542~1587)가 결혼식에서 흰색 웨딩드레스를 입었다. 이때를 기점으로 당시 귀족층에서 흰색 웨딩드레스를 입기 시작했다.

흰색 웨딩드레스가 본격적으로 널리 퍼지기 시작한 것은 19세기의 일이다. 1840년 영국의 빅토리아 여왕은 자신의 사촌인 앨버트 공작(Francis Albert Augustus Charles Emmanuel, 1819~1861)과의 결혼식에서 우아한 디자인의 흰색 웨딩드레스를 입는다. 대영제국 여왕의 결혼식은 온 유럽의 주목을 받았고, 이후 많은 사람이 여왕의 흰색 드레스를 따라 입기 시작하면서 귀족층을 넘어 서민층으로까지 퍼져나갔다. 그리고 이는 오늘날까지 이어져 흰색은 신부를 상징하는 색으로 자리매김하게 된 것이다.

인류의 역사 속에서 신부들은 시대와 문화에 따라 다양한 색상의 드레스를 입고 결혼식을 올렸다. 웨딩드레스가 흰색이어야만 한다는 생각은 어쩌면 현시대를 살아가는 우리들의 고정관념일지도 모른다. 웨딩드레스가 흰색이 아니면 어떤가. 중요한 것은 웨딩드레스의 색이 아니라 사랑하는 사람들과 함께 보내는 행복하고 뜻깊은 시간이지 않을까. 빨간색 드레스를 입고 행복하게 웃으며 결혼한 〈어바웃 타임〉의 메리처럼 말이다.

참고 자료

「웨딩드레스 색깔 '원래는 붉은색'」(최현숙 글, 《주간동아》 460호, 2004.11.12) / 「웨딩드레스는 왜 흰색일까」(윤경희 글, 《중앙일보》, 2017.09.20) / 「웨딩드레스 색상의 변천과정 연구」(이윤정 글, 《복식문화연구 The Research Journal of the Costume Culture》 제11권 제5호, 2003.09.13) / Philippa of England, 위키백과 / Eric of Pomerania, 위키백과 / Mary, Queen of Scots, 위키백과 / Francis II of France, 위키백과 / Albert, Prince Consort, 위키백과 / Queen Victoria, 위키백과

# 프랑스혁명가에게
# 경의를 표현하기 위해
# 장식한 '초커'

출연진이 다양한 도전을 하는 콘셉트의 예능 프로그램 〈무한도전〉은 2005년부터 2018년까지 많은 사람에게 큰 사랑을 받은 전설적인 TV 프로그램이다. 〈무한도전〉에서 시도했던 도전 중 기존 출연진과 가수들이 협업하여 가요제를 여는 프로젝트가 있었다. 인기 가수들이 출연해 〈무한도전〉 멤버와 함께 곡을 만들고 춤과 노래를 연습해서 최종적으로 공연과 음반 발매까지 했는데, 그 과정이 매우 재미있어 엄청난 인기를 끌며 매번 화제가 되었다. 그중 2015년 영동고속도로 가요제에서 개그맨 박명수와 가수 아이유가 함께 작업했던 '레옹'이라는 곡이 있다. 1994년에 개봉한 뤽 베송 감독의 영화 〈레옹〉을 콘셉트로 한 곡인데, 발표되자마자 각 음원 사이트에서 1위를 달성하며 엄청난 성공을 거두었다. 당시 노래와 함께 화제가 된 것이 영화 〈레옹〉의 여주인공 마틸다로 분한 아이유의 무대의상이었다. 아이유는 20년 전 영화 속 주인공의 패션을 재해석하여 매력적으로 소화했는데, 그 중심에 있는 아이템이 '초커(Choker)'였다. 2000년대 초반까지만 해도 초커는 우리나라 여성들에게 인기 있는 패션 아이템이 아니었지만, 2010년 이후로 여러 연예인들이 착용하면서 알려지기 시작했고, 노래 '레옹'의 성공과 함께 주목받는 패션 트렌드가 되었다. 이렇게 현재까지도 패션 아이템으로 사랑받는 초커가 가진 유래를 알아보자.

초커는 목을 감싸는 액세서리로 끈, 가죽, 보석 등 다양한 소재로 만드는 목걸이의 일종이다. 다만 줄의 길이가 여유로

다양한 초커

운 일반 목걸이와 달리 초커는 목둘레에 딱 맞게 감기는 것이 특징이다. 이러한 초커는 언제 처음 만들어졌을까? 사실 이 물음에 답하기는 쉽지 않다. 목걸이는 인류가 몸을 치장하기 위해 만든 장신구 중 가장 역사가 오래되었다고 할 수 있을 만큼 유서가 깊다. 목걸이의 일종인 초커 또한 그 시작이 정확하게 언제인지 알 수 없을 정도로 오래되었는데, 기원전 3000년경 메소포타미아문명이나 고대 이집트문명에서도 그 흔적을 찾아볼 수 있다. 초커는 수천 년 전부터 목을 장식하는 장신구로 사용되어 온 것이다. 그리고 18세기 들어서 영국, 프랑스, 에스파냐 등 유럽 각국의 왕족들이 주로 사용하는 장신구로 자리 잡는다. 그런데 프랑스혁명(1789~1794) 이후 초커는 장식 이외의 다른 의미를 지니기 시작하면서 특별한 액세서리가 된다.

프랑스혁명은 시민들이 왕과 귀족 중심의 구제도에 맞서 계급을 타파하려고 한 시민혁명이다. 18세기 후반 귀족들의 사치와 미국독립혁명을 지원한 과도한 군사비 집행으로 프랑스의 국가 재정은 파탄에 이르게 된다. 왕실은 재정 위기를 극복하기 위해 더 많은 세금을 시민들로부터 받아내려 했고 사회적인 불평등은 점점 심화되었다. 심각한 경제 불황이 이어지자 시민들의 불만은 점점 가중되었고, 1789년 성난 시민들이

들고일어나 기득권층에 대한 저항을 시작하여 몇 년에 걸쳐 싸워나가면서 프랑스 체제를 전복시킨다.

구제도 아래에서는 제1신분인 왕과 사제, 제2신분인 귀족이 온갖 특권을 누리면서도 세금은 내지 않는 구조였다. 나라의 재정인 세금을 부담했지만 정치적 권한은 전혀 없었던 제3신분인 시민이 직접 불평등한 사회제도와 맞서 싸워 자유와 평등을 쟁취하고자 혁명을 일으킨 것이다. 프랑스혁명은 구체제를 무너뜨리고 민주주의의 발전에 큰 영향을 미쳤지만, 그 과정에서 수많은 시민 혁명가가 형장의 이슬로 사라졌다. 당시 단두대에 피가 마를 날이 없다고 할 정도로 많은 사람이 처형을 당했다. 정확한 기록은 알 수 없으나 프랑스혁명이 진행되는 동안 단두대에서 처형된 사람의 수만 2만 명이 넘는 것으로 추정된다. 이러한 처형을 지켜본 여성들은 시민의 자유를 위해 싸우다 목이 잘린 혁명가를 위해 경의를 표한다는 의미로 붉은 끈을 목에 감았다. 목에 묶은 붉은 끈은 단두대에서 잘린 목을 상징하며 고인을 기리는 것과 동시에 나 역시 혁명에 동의한다는 의미가 담겨 있었다. 처형된 사람들을 추모하기 위해 유가족들은 목에 빨간 리본을 맨 채 무도회에서 춤을 추기도 했다. 프랑스혁명 당시 초커는 단순한 치장을 위한 장식에서 벗어나 고인을 추모하고 혁명 세력과의 연대 의식을

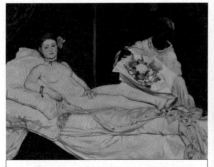

에두아르 마네의 작품 〈올랭피아〉. 여성이 목에 검은 리본을 착용하고 있는 것을 볼 수 있다.

화려한 초커를 착용한 알렉산드라 공주

고취하는 하나의 상징이 된 것이다.

하지만 시간이 흐르면서 프랑스혁명의 희생자들을 추모하는 의미는 점점 퇴색했고, 19세기부터는 다시 장신구로서의 초커가 널리 퍼지게 된다. 그런데 이 당시 검은색 초커가 매춘부를 상징한다는 인식이 있었다. 프랑스의 대표적 인상주의 화가 에두아르 마네(Édouard Manet, 1832~1883)가 1863년에 그린 〈올랭피아(Olympia)〉에는 목에 검은색 초커를 하고 나체로 누워 있는 여성이 등장한다. 이 여성의 직업이 매춘부였기에 오늘날 당시에 검은색 초커가 매춘부를 상징하는 것이 아니냐는 해석이 생겨난 것이다. 하지만 이미 많은 귀족이 초커를 애용하고 있었다는 점에서 볼 때, 검은색 초커가 매춘부를 나타내는 표식이라기보다는 그만큼 널리 퍼져 누구나 착용하는 액세서리로 대중화되었다고 보아야 한다. 이러한 초커는 19세기 웨일스(Wales: 잉글랜드 남서부 지역에 위치)의 공주 알렉산드라(Alexandra, 1844~1925)가 목의 흉터를 가리기 위해 진주와 벨벳으로 만들어진 화려한 초커를 애용하면서 고급화되기 시작했다. 그리고 초커가 다시 대중화되기 시작한 것은 1990년대 와서다. 앞서 언급했던 뤽 베송 감독의 영화 〈레옹〉의 인기가 그 시발점이 되었다.

오늘날 초커는 하나의 패션 아이템으로 자리 잡았고, 여성용 액세서리를 넘어 남녀 모두가 사용하는 장신구로 변화하고 있다. 아직 평범한 남성이 초커를 착용하는 경우는 보기 힘들지만, 패셔니스타로 이름 높은 몇몇 남성 연예인들이 착용하는 것은 어렵지 않게 찾아볼 수 있다. 이 작은 장신구에 민주주의를 위해 흘린 피의 역사가 새겨져 있다는 것을 기억한다면 초커가 조금 더 아름답게 보이지 않을까.

참고 자료

「아이유도 GD도 반한 '초커'… 알고 보니 왕실 명품?」(고은빛 글, 《한경》, 2017.07.13) / 「보석함 속 이야기-초커 목걸이」(윤성원 글, 《월간 에세이》 343호, 2015.11) / 프랑스혁명, 두산백과 / 프랑스혁명, 위키백과 / Choker, 위키백과 / 「프랑스혁명의 진짜 희생자들」(박정자 글, 《동아닷컴》, 2016.12.02)

# 비키니 수영복과 핵폭탄은 무슨 관계일까?

요즘에는 해변에서 수상 스포츠를 즐기는 사람들이 늘어났다. 이와 더불어 다양한 해변 패션도 등장하고 있는데, 그중 래시가드(Rash Guard)라는 수상 스포츠를 위한 기능성 의복이 2010년대 중반부터 급격하게 유행하고 있다. 래시가드는 여름이 되면 물놀이를 즐기는 사람들이 남녀노소 가리지 않고 입어 해변이나 워터파크 등에서 흔히 볼 수 있다. 래시(Rash)는 발진을, 가드(Guard)는 막는다는 의미를 가지는데 이는 말 그대로 수상 스포츠를 즐길 때 생길 수 있는 햇빛에 의한 화상이나 마찰에 의한 찰과상 등을 막기 위해 만들어졌다. 원래 서

펑, 웨이크보딩, 스노클링 등의 스포츠를 즐길 때 입는 옷이었지만 해변이나 수영장에서 주로 입던 비키니 수영복의 노출을 부담스러워한 여성들이 가벼운 물놀이를 할 때에도 입기 시작하면서 널리 퍼졌다.

그래도 아직 여름의 해변가에는 비키니를 입고 해수욕을 즐기는 여성들이 많이 있다. 자신의 아름다움을 당당하게 드러내고 동시에 휴양지의 분위기를 한껏 즐기는 데 비키니만큼 매력적인 의복도 없기 때문이다. 비키니 수영복은 여름과 열정을 상징할 뿐 아니라, 성 인식에 있어 여성해방의 의미까지 담겨 있다고 볼 수 있다. 그런데 비키니 수영복은 왜 비키니라는 이름이 붙여진 것일까? 비키니의 유래를 찾아가 보자.

비키니 형식의 여성 의복에 대한 기록은 고대 시기로 거슬러 올라간다. 가장 유명한 자료는 4세기경 로마시대 때의 저택인 '빌라 로마나 델 카살레(Villa Romana del Casale)'에 있는 모자이크다. 빌라 로마나 델 카살레는 유네스코 세계문화유산으로 지정된 이탈리아 시칠리아에 위치한 저택으로 그 안에서 여러 모자이크 작품들이 발견되었다. 그중에 여자 선수들이 원반던지기, 달리기, 구기 종목 등의 경기를 하는 모자이크 벽화가 있다. 모자이크 속 여성 선수들이 오늘날 비키니와 유사한 형태의 투피스 의상을 입고 있다. 다만 이러한 의상은 오늘

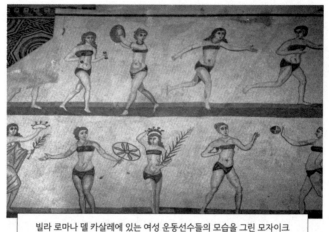

빌라 로마나 델 카살레에 있는 여성 운동선수들의 모습을 그린 모자이크

날의 비키니처럼 수영이나 해수욕을 즐길 때 입었다는 증거는 없고, 비키니와 비슷한 모양의 운동복일 뿐이다.

그렇다면 현대적인 비키니는 언제 시작된 것일까? 이를 설명하기에 앞서 7월 5일로 지정된 '비키니의 날'에 대해 알아보자. 비키니의 날이 되면 영국과 미국 외신들은 유명 연예인들의 비키니 패션을 공개하곤 한다. 인터넷이 발달한 오늘날에는 연예인들이 자신의 비키니 패션을 SNS에 올리며 주목을 받기도 한다. 어느새 비키니는 여름 패션의 대명사가 된 것이다. 그런데 왜 비키니의 날이 7월 5일인 것일까? 이유는 비키니 수영복이 세상에 처음으로 등장한 날이 1946년 7월 5일이기 때문이다. 프랑스의 패션 디자이너 루이 레아드(Louis Réard, 1897~1984)는 1946년 당시 기준으로 매우 파격적인 형태의 여성 수영복을 디자인했다. 그리고 같은 해 7월 5일 파리에 위치한 피신 몰리토르라는 이름의 수영장에서 자신이 디자인한 새로운 형태의 수영복, '비키니'를 공개한다. 이때 수영복을 선보이는 모델은 성인 손바닥만 한 천으로 가슴과 국소 부위만 가리는 수영복을 입고 등장해 프랑스 패션계를 충격에 빠뜨렸다. 그때까지만 해도 여성들의 수영복은 다리를 가리고 노출이 적은 원피스 형태만 있었기 때문이다. 따라서 여성의 배꼽을 드러내는 비키니는 당시 기준으로는 속옷으로 여겨질 정도로 파격적인 옷이었다. 심지어 패션모델들조차 노출이 심하다는 이유로 비키니의 착용을 거절했기 때문에 레아드는 스트립댄서로 일하던 19세의 미셸린 베르나르디니를 비키니 수영복 모델로 고용했다.

레아드가 그 정도로 파격적인 수영복을 만든 이유는 무엇일까? 단지 미적 아름다움을 위해서? 그는 해변에서 일광욕을 즐기던 여성들이 태닝을 하기 위해 수영복을 걷어 올리는 것을 보고 비키니를 구상했다고 한다. 자동차 엔지니어였던 그는 어머니의 란제리 사업을 물려받아 의상 디자이너가 되었다. 당시 그는 디자이너로서의 업적이 거의 없는 무명이었기에 패션계와 대중들의 시선을 끌 수단이 필요했다. 비키니라는 이름 또한 같은 맥락에서 지어졌다. 그는 자신이 디자인한 수영복이 사람들에게 '핵폭탄처럼 충격적'일 것이라 예상하고 '비키니'라는 이름을 붙였다. 그렇다면 비키니라는 이름을 통해 핵폭탄을 떠올린다는 것인데, 이 둘의 관계에 무슨 사연이 있을까?

비키니는 남태평양 마셜제도에 위치한 산호섬의 이름이다. 미국은 1945년 히로시마에 핵폭탄을 투하하고 종전을 한 지 1년이 채 되지 않아 공개적인 핵실험을 실시한다. 전쟁은 끝났지만 이후 냉전시대에서 우위를 점하기 위함이다. 이때 핵폭탄의 실험 장소가 된 곳이 비키니 환초였다. 레아드의 수영

미국은 비키니 환초에서 1946년 7월 1일과 7월 25일에 핵실험을 단행했다. 사진은 두 번째 핵실험 광경이다.

복 패션쇼가 열리기 4일 전인 1946년 7월 1일 미국이 비키니 섬에서 핵실험을 진행했고, 공개된 핵폭탄의 위력은 전 세계 사람들에게 큰 충격을 주었다. 이를 본 레아드는 자신이 만든 수영복도 전 세계적으로 화제가 되기를 바라며 비키니라는 이름을 지은 것이다.

레아드의 의도대로 그의 수영복은 큰 화제가 되었다. 그러나 시대를 너무 앞서간 탓일까? 비키니는 당시 사람들에게 많은 비난을 받았다. 교황청은 비키니를 '부도덕한 옷'이라 표현했고 에스파냐, 포르투갈, 호주, 이탈리아 등지에서 비키니의 착용이 금지되었다. 하지만 1950년대 들어서며 비키니는 점점 퍼지기 시작했다. 유럽에서 보급되기 시작한 비키니는 이후 미국에까지 건너가 수영복 시장을 개척한다. 그리고 1950년대부터 1960년대까지 한 시대를 풍미한 프랑스의 여배우이자 가수 겸 모델인 브리지트 바르도(Brigitte Anne-Marie Bardot)가 공개적으로 비키니를 입고 대중 앞에 등장하면서 비키니의 유행은 급물살을 타게 된다.

프랑스의 패션 사학자 올리비에 사이야르(Olivier Saillard)는 비키니의 성공은 패션의 힘이 아니라 여성의 힘 덕분이라고 평가하며, 수영복의 해방은 여성의 해방으로 이어진다고 덧붙였다. 비키니가 여성에게 씌워지던 사회적 금기를 파기하고

도덕과 성 의식의 사회적 도약을 이끌었다고 할 수 있다. 이렇게 비키니는 여성해방의 상징이 되며 큰 성공을 거두었고 오늘날까지 이어져 당당한 패션 아이템으로 자리매김한 것이다.

참고 자료

「환상적인 미지의 여행지, 마셜제도에 관한 11가지 흥미로운 사실들」(태평양관광기구 공식 블로그, 2020.10.08) / 「잘 알려지지 않은 섬뜩한 '비키니'의 유래」(환경운동연합, 2015.08.10) / 「7월 5일은 '비키니의 날'… 그 유래는?」(《나우뉴스》, 2013.07.05) / 「비키니의 탄생(7월 5일)」(최윤필 글, 《한국일보》, 2017.07.05) / 비키니, 위키백과 / 비키니의 역사, 위키백과 / 빌라 로마나 델 카살레, 위키백과 / 루이 레아르, 위키백과

# 〈엘리제를 위하여〉의
# 진짜 주인공은 누구일까?

연세대학과 고려대학은 한국에서 가장 유명한 라이벌 관계의 대학이다. 두 대학은 매년 연고전 혹은 고연전이라는 이름의 행사를 연다. 야구, 농구, 아이스하키, 럭비, 축구의 다섯 가지 구기 종목으로 스포츠 시합을 하는데, 각 종목의 선수들만 참여하는 것이 아니라 모든 대학생이 응원전을 벌이는 전교생의 축제다. 시합이 벌어지면 경기장은 연세대를 상징하는 푸른색과 고려대를 상징하는 붉은색으로 양분되고 양측의 응원가가 울려 퍼진다. 응원가는 보통 유명한 곡들을 편곡하여 사용하기에 두 대학 학생이 아니더라도 익숙한 멜로디인 경우가 많다. 그중 누구나 친숙하게 느낄 만큼 낯익은 응원가가 있다. 고려대 학생들에게 가장 인기 있는 응원가 〈엘리제를 위하여〉 다. 루트비히 판 베토벤(Ludwig van Beethoven, 1770~1827)이 작곡한 동명의 피아노 소곡을 편곡한 곡이다.

〈엘리제를 위하여〉라는 곡은 여러 버전으로 편곡되어 우리 생활 곳곳에서 사용되고 있다. 한국 프로야구 SSG 랜더스의 이재원 선수나 KIA 타이거즈 시절 이홍구 선수 등의 응원가 에도 이 곡이 쓰였고, 2007년 한 시대를 풍미했던 가수 아이비

요제프 칼 슈틸러가 그린
베토벤(1820)

의 〈유혹의 소나타〉라는 곡에도 샘플링되었다. 최근에는 중장년층에게 큰 인기를 끌고 있는 트로트 가수 영탁의 〈찐이야〉라는 곡도 도입부에 〈엘리제를 위하여〉의 멜로디가 쓰인다. 노래뿐이 아니라 학교의 종소리, 대형 차량의 후진 벨소리 등 우리 주변에서 쉽게 접할 수 있을 정도로 많이 사용된다. 그런데 〈엘리제를 위하여〉의 멜로디는 우리에게 너무 익숙하지만, 정작 엘리제가 누구인지 알고 있는 사람은 흔치 않을 것이다. 이곡의 주인공, 엘리제의 정체를 알아보자.

〈엘리제를 위하여〉는 베토벤이 1810년 작곡한 피아노 소곡이다. 그러나 당시에는 이 곡이 세상에 알려지지 않았다. 베토벤이 세상을 떠난 지 40년이 지난 후, 독일의 음악학자 루트비히 놀(Ludwig Nohl, 1831~1885)이 미발표된 이 곡을 발견하여 세상에 알려지게 된다. 제목이 '엘리제를 위하여'인 것을 보면 이 곡이 누군가에게 헌정된 곡이라는 점은 자명하다. 그런데 냉소적인 성격으로 알려진 베토벤이 한 여자를 사랑해서 이러한 헌정곡을 만들었다는 사실이 신기하게 느껴질 수 있다. 남아 있는 베토벤의 초상화를 보면 눈매가 날카롭고 표정도 딱딱하게 굳어 있는 경우가 많기에 더욱 그렇다. 실제로 베토벤은 당대의 사람들에게 괴짜로 소문이 자자했다. 일례로 프랑스혁명의 정신인 '자유, 평등, 박애'를 실천하는 나폴레옹 보나파르트에게 헌정하기 위해 작곡한 교향곡이 있다. 그러나 나폴레옹이 황제의 자리에 오르자 베토벤은 악보의 표지를 찢어버리고 교향곡의 제목에서 나폴레옹의 이름을 지우고 '영웅'이라는 제목을 새로 붙였다.

괴테와의 일화도 유명하다. 괴테와 베토벤이 함께 길을 걷던 중 왕족을 만났다. 괴테는 길을 비키고 모자를 벗어 인사를 했지만, 베토벤은 그러지 않고 그냥 가던 길을 갔다. 진보적이고 개혁적이었던 베토벤은 구태의 산물인 왕정을 인정할 수 없었던 것이다. 이러한 시니컬한 성격의 베토벤이었는데 그에게도 사랑이 찾아와 헌정곡을 쓰게 된 것일까? 그렇다면 베토벤의 마음을 사로잡은 '엘리제'는 누구일까?

엘리제라는 인물이 정확히 누구인지는 밝혀지지 않았다. 이 피아노 연주곡의 부제가 '엘리제를 위하여'가 된 것은 이 곡을 세상에 공개한 루트비히 놀에 의해서였다. 그는 베토벤이 직접 '엘리제를 위하여'라고 적었다고 주장했는데, 현재 이 곡의 원본 악보가 남아 있지 않아 정확한 사실은 확인할 수 없다. 그렇기에 엘리제라는 인물이 실존 인물인지 가상의 인물인지 의문이 생길 수 있다. 하지만 후대 음악학자들의 연구에 따르면 엘리제라는 인물일 수 있는 유력한 후보가 몇몇 존재한다.

가장 유력한 후보 중 하나는 베토벤의 주치의 말파티 박사

오스트리아의 화가 카를 폰 자르가 그린 테레제 말파티(1830년대)

독일의 화가 요제프 빌리브로르트 말러가 그린 엘리사베트 뢰켈(1814년 추정)

의 조카 '테레제 말파티(Therese Malfatti)'이다. 베토벤은 테레제에게 반해 청혼을 했지만 거절당했다. 베토벤이 청혼을 했던 시기와 〈엘리제를 위하여〉가 작곡된 시기가 같은 1810년이라는 사실이 이 주장을 뒷받침한다. 그렇다면 왜 '테레제를 위하여'가 아니라 '엘리제를 위하여'일까? 이 곡의 악보를 처음 발견한 루트비히 놀은 출판을 위해 악보를 필사하는 작업을 거쳤다. 그 과정에서 악필이었던 베토벤의 필체를 잘못 보고 테레제가 엘리제로 오기되었다는 것이 현재로서는 가장 유력한 가설이다. 하지만 앞서 밝혔듯이 베토벤의 자필 악보는 소실되었기에 이를 확인할 방법은 존재하지 않는다.

테레제 말고 엘리제로 추정되는 여성이 몇 명 더 있다. 1808 년부터 베토벤과 종종 만나는 친구였던 독일의 소프라노 엘리사베트 뢰켈(Elisabeth Röckel), 1810년 당시 신동 피아니스트로 불리던 율리아네 카테리네 엘리자베트 바렌스펠트(Juliane Katharine Elisabet Barensfeld)가 그 주인공이다. 그러나 둘 모두 애칭이 '엘리제'였다는 것을 제외하면 〈엘리제를 위하여〉의 당사자임을 입증하는 근거가 많이 부족하다.

우리는 '엘리제'가 누구인지 정확히 알지는 못하지만, 〈엘리제를 위하여〉에 담긴 베토벤의 사랑은 느낄 수 있다. 애틋한 마음이 담긴 서정적인 연주로 시작해 격정적인 사랑을 표현한 뒤 다시 고요하고 아름다운 선율로 마무리되는 이 곡은 당시 베토벤의 감정이 잘 담겨 있다. 그렇기에 〈엘리제를 위하여〉는 200년이 지난 지금까지도 전 세계 사람들에게 널리 사랑받는 곡이 될 수 있었던 것이 아닐까.

---

참고 자료

「엘리제를 위하여? 테레제를 위하여?」(이채훈 글, 《미디어오늘》, 2016.01.31) / 「베토벤의 '엘리제를 위하여'… 거장이 사랑했던 엘리제는 누구?」(최영옥 글, 《매일경제》, 2014.08.18) / 「'엘리제를 위하여'는 원래 '테레제를 위하여'였다」(김경은 글, 《조선일보》, 2020.12.14) / 엘리제를 위하여, 두산백과 / 루트비히 판 베토벤, 위키백과

# '도레미파솔라시'는
# 누가 만들었을까?

반전이 있는 예술과 패션

19세기 후반 프랑스의 뤼미에르 형제가 최초의 영화를 상영한 이래 수많은 영화가 만들어졌다. 대부분의 작품들은 잠깐 인기를 끌다가 잊혀지지만, 개중에 명작이라고 불리는 소수의 작품들은 시간이 흘러도 우리의 기억과 영화사에 흔적을 남긴다. 마치 잘 쓰인 고전소설들이 시대를 뛰어넘어 끊임없이 사랑받듯이 말이다. 1965년 개봉한 〈사운드 오브 뮤직〉이라는 영화가 있다. 미국의 거장 로버트 와이즈(Robert Earl Wise, 1914~2005)가 감독한 이 영화는 오늘날까지도 뮤지컬 영화의 최고봉으로 꼽히며 많은 사랑을 받고 있다. 영화계에 한 획을 그은 영화지만, 벌써 영화가 공개된 지 50년이 훌쩍 넘었기에 젊은 세대에게는 생소할 수 있다.

하지만 영화는 본 적이 없을지언정 이 영화에 삽입된 몇몇 OST는 어디선가 들어본 적이 있을 만큼 유명하다. 우리에게 익숙한 〈도레미 송(Do-Re-Mi)〉이 대표적이다. 영화 속에서 주인공인 마리아가 일곱 명의 아이들에게 음악의 기초를 가르치며 함께 부른 노래다. 동요로 각색되고 한국어로 번역된 〈도레미 송〉은 '도는 하얀 도화지, 레는 둥근 레코드, 미는 파란 미나리……' 하는 가사로 시작한다. 영화 속 내용과 마찬가지로 어린이집이나 유치원에서 종종 가르치는 이 곡은 어린아이들이 '도레미파솔라시'의 음계를 쉽게 기억할 수 있도록 도와준다.

〈도레미 송〉이 익숙한 것 이상으로 '도레미파솔라시'의 계이름은 우리에게 친숙하다. 서양음악의 기본이 되는 7음계를 어려서부터 학교에서 배우기 때문이다. 여기서 재미있는 점은 도레미파솔라시의 계이름이 만들어진 방식이 〈도레미 송〉의 가사와 비슷하다는 것이다.

서양식 계이름의 시작은 11세기로 거슬러 올라간다. 11세기 초 중세 이탈리아의 수도사이자 음악이론가인 귀도 다레초(Guido d'Arezzo, 992~1050)가 현재 사용되는 것과 유사한 계

GUIDO ARETINO

이탈리아 피렌체에 있는 귀도의 조각상

이름을 도입했다. 참고로 귀도의 이름은 여러 가지 방식으로 기록되었는데 가장 많이 알려진 '귀도 다레초'는 '아레초 마을의 귀도'라는 뜻이다. 다레초는 귀도의 성씨를 의미하지 않는다. 수도사였던 귀도는 성가대 합창단을 가르치는 일을 했다. 그러나 당시는 음계와 기보법 등이 체계화되지 않아서 음악을 가르치고 배우는 데 지나치게 많은 시간이 소모되었다. 그 방식이 너무 비효율적이라고 생각한 귀도는 사람들이 성가곡을 더욱 쉽게 배울 수 있도록 계이름을 만들어 사용했다.

계이름을 만들 때 귀도가 사용한 곡이 〈성 요한 찬가(Ut Queant Laxis)〉다. 귀도는 이 곡 첫 여섯 마디의 첫 번째 음들이 한 음씩 올라가는 것을 보고 각 행의 앞 글자를 따서 계이름을 만들었다.

〈성 요한 찬가〉의 라틴어 가사는 다음과 같다. "Ut queant laxis / resonare fibris / Mira gestorum / famuli tuorum / Solve polluti / labii reatum / Sancte Iohannes" 가사를 직역하면 '당신의 종들이 당신의 업적을 자유로이 찬미할 수 있도록 우리 입술의 죄를 씻어 주소서 성 요한이여' 정도가 된다. 귀도는 이 곡에서 Ut-Re-Mi-Fa-Sol-La 의 여섯 음절을 따서 계명으로 사용한 것이다. 이것은 오늘날 사용되는 계이름의 시초다.

귀도가 도입한 6음 음계가 우리가 익히 알고 있는 'Do-Re-Mi-Fa-Sol-La-Si'의 형태가 되는 것은 수백 년 후의 일이다. 17세기에 7번째 음이 추가되어 7음 음계가 되었는데, 이때 〈성 요한 찬가〉의 일곱 번째 마디의 가사 'Sancte Iohannes'의 앞글자를 따서 'Si'가 되었다. 또한 17세기 이탈리아의 음악학자 조반니 바티스타 도니(Giovanni Battista Doni, 1595~1647)가 첫 번째 계이름인 'Ut'를 발음상의 이유로 'Do'로 변경하면서 오늘날과 같은 형태가 되었다. 여기서 'Do'는 하나님을 뜻하는 라틴어 'Dominus'의 첫 음절을 가져온 것이다.

귀도 다레초는 계이름을 도입했을 뿐 아니라, 현대적인 기보법(記譜法: 음악을 기록하는 방법으로 음의 높고 낮음과 길고 짧음을 표시하는 방법)도 창시했다. 중세 유럽에서는 '네우마(Neuma)'라 불리는 기보법이 사용되고 있었는데, 이 기보법은 정확한 음높이를 표현하지 못했다. 귀도가 고안한 4선을 기반으로 하는 기보법은 오늘날 사용되는 5선보와 원리가 거의 같다. 귀도의 4선 기보법이 시간이 흐르면서 5선보로 발전하여 현재까지 사용되고 있다.

귀도 다레초의 바람대로 사람들은 노래를 더욱 쉽고 빠르게 배울 수 있었고, 많은 성가가 체계적인 악보로 기록되어 후대에 전해질 수 있었다. 그뿐 아니라 그가 정립한 음악 체계는 오늘날까지 이어져 여전히 사용되고 있다. 제자들이 더 쉽게 음악을 익히도록 노력한 한 사람의 마음이 음악 역사의 새로운 장을 열었다고 해도 과언이 아니다.

참고 자료

「'도레미파솔라시도'는 언제 생겼을까」(김선향 글, 《동아닷컴》, 2016.06.15) / 「'도레미' 명칭은 어디에서 왔을까?」(조윤수 글, 《비전성남》, 2019.09.24) / 「계명창법의 유래」(최왕국 글, 《원주신문》, 2016.03.27) / 귀도 다레초, 두산백과 / 네우마, 두산백과 / Guido of Arezzo, 위키백과 / Ut queant laxis, 위키백과 / Giovanni Battista Doni, 위키백과

# 백파이프가 스코틀랜드
# 대표 악기가 된 이유는?

2002년 월드컵에서 대한민국의 4강 신화를 이끌고 유럽 리그로 진출한 박지성 선수는 네덜란드의 PSV 에인트호번을 거쳐 2005년 잉글랜드의 맨체스터 유나이티드 FC에 입단했다. 맨체스터 유나이티드는 세계 최고의 팀 중 하나였기에 많은 사람의 관심을 받았고, 이 시기를 기점으로 해외 축구를 좋아하는 팬도 급격하게 늘어났다. 당시에 박지성 선수를 응원했던 사람이라면 맨체스터 유나이티드의 최대 라이벌인 리버풀 FC라는 팀도 들어본 적 있을 것이다. 잉글랜드 축구 팬들은 언제나 열띤 응원전을 벌이지만, 라이벌 팀과의 경기에서는 특히나 격렬하다. 그중에서도 리버풀 FC의 팬들은 클럽에 대한 애정과 자부심이 유별난 것으로 유명한데 이들은 항상 목이 터져라 응원가를 부르며 선수들을 독려한다.

이때 리버풀 팬들이 부르는 응원가가 〈You'll Never Walk Alone〉이다. '어떤 어려울 때라도 당신은 혼자가 아니다'라는 의미를 지닌 이 곡은 리버풀의 정신을 상징한다. 우리나라 사람들에게는 잘 알려지지 않았지만, 가사만 읽어봐도 누군가에게 용기를 주는 노래임을 알 수 있다. "폭풍 속을 홀로 걷더라도 고개를 당당히 들고 어둠을 두려워하지 마라. 그 폭풍이 끝나면 금빛 하늘이 펼쳐지고 종달새가 은빛으로 지저귈 테니. 바람을 헤치고 나아가라. 비를 뚫고 걸어가라. 네 꿈이 흔들리고 날아가 버리더라도 가슴속에 희망을 품고 계속 나아가라. 계속 걸어가라. 그러면 그대는 결코 혼자 걷지 않으리. 그대는 결코 혼자 걷지 않으리." 리버풀의 팬들과 선수들은 이 노래를 함께 부르며 결속을 다지고 서로를 북돋워준다. 음악에는 힘이 있다. 때때로 음악은 우리에게 희망을, 용기를, 한 걸음 더 나아갈 힘을 준다. 그렇기에 많은 스포츠 경기에서 팬들이 응원가를 부르는 것이다. 이렇게 음악의 힘을 빌려 집단을 결속하고 의욕을 고취시키는 곳이 또 있다. 생과 사의 갈림길에서 임무를 수행해야 하는 군대다.

군에 입대하면 가장 먼저 배우는 것 중 하나가 군가다. 군대에는 전문적으로 음악을 연주하는 군악대가 있는데, 그중 스코틀랜드 하면 떠오르는 독특한 군악대가 있다. 스코틀랜드의 치마형 전통의상인 킬트(Kilt)를 입고 백파이프(Bagpipes)를 부는 군인들이다. 백파이프는 고대부터 사용된 오랜 역사를 지닌 악기로 유럽 전역에서 널리 사용되어 왔다. 연주자가 입으로 주머니(Bag)에 공기를 불어 넣으면 그 공기가 주머니에 달린 여러 개의 관들(Pipes)을 통과하며 소리가 난다. 백파이프는 소리가 아주 큰 악기로도 유명하다. 연주할 때 나는 소리는 약 120데시벨 정도인데 이는 비행기가 이착륙할 때 나는 소리와 비슷한 수준이다. 이러한 특징 덕에 백파이프는 전통적으로 야외 행사나 군대에서 자주 사용되었다. 그렇다면 유럽 전역에서 널리 쓰이던 백파이프가 어떻게 스코틀랜드의 상징이 된 것일까?

13세기 말 스코틀랜드와 잉글랜드 사이에 전쟁이 벌어진다. 기근과 막중한 세금에 고통받던 스코틀랜드인들이 당시 지배자였던 잉글랜드를 상대로 일으킨 스코틀랜드 독립전쟁이다. 잉글랜드의 지배자들은 소규모에 불과한 스코틀랜드 반란군을 금방 진압할 수 있을 것이라 생각했다. 그러나 스코틀랜드인들은 열세를 극복하기 위해 험악한 산지를 활용해 전투를 했고, 밤에는 기습을 가하며 잉글랜드 병사들을 괴롭혔다. 또한 병력이 빠진 잉글랜드 북부의 성들을 공격해 집과 작물을 불태웠다. 계속된 기습으로 인한 병사들의 사기 저하와 식량 부족으로 잉글랜드군은 후퇴할 수밖에 없었다. 그렇게 승기를 잡은 스코틀랜드는 독립을 쟁취할 수 있었다. 이 전쟁에서 스코틀랜드 병사들은 백파이프를 불며 싸웠고 최전선에서는 늘 백파이프 소리가 울려 퍼졌다. 그렇게 백파이프는 스코틀랜드인들의 저항 정신을 상징하게 되었고 그들의 전통으로 자리 잡았다.

스코틀랜드를 상징하는 백파이프 연주는 스코틀랜드가 다시 잉글랜드에 병합된 이후에도 계속 이어졌다. 영국이 치른 여러 전쟁에서 스코틀랜드 출신 군인들은 백파이프와 함께 많은 승리를 거두었다. 제1차 세계대전에서도 예외가 아니었다. 1915년 프랑스의 칼레 근처 루스 지역에서 연합군과 독일군이 전투를 벌였다. 처음에는 우세했으나 곧 수세에 몰린 연합군은 비밀 병기인 화학탄을 사용하기로 한다. 연합군은 140톤의 염소가스를 살포했는데 바람의 방향이 바뀌면서 독일군 참호로 향해야 할 가스가 양쪽 군대의 사이에 머물렀다. 그 상황에서 방독면을 쓰고 돌격하라는 명령이 내려졌으나 연합군 병사들은 선뜻 돌격하지 못하고 주저했다. 그때 스코틀랜드의 군인 다니엘 레이드로(Daniel Laidlaw, 1875~1950)가 참호 위로 올라가 백파이프를 연주했다. 그의 백파이프 연주에 용기를 얻은 연합군 병사들은 참호를 박차고 돌격하여 승리를 쟁취한다. 레이드로는 전투 중 부상을 입었지만 전투가 끝날 때까지 연주를 멈추지 않았다. 이 전투로 레이드로는 '루스의 파이퍼(The Piper of Loos)'라는 별명을 얻고 빅토리아 십자 훈장도 받았다.

제1차 세계대전에 참전했던 2,500여 명의 백파이프 연주자 중 절반 가까이가 전사하거나 중상을 입었기 때문에 제2차 세계대전에서는 연주자들이 최전방에 서는 것이 금지되었다. 그러나 제2차 세계대전에서도 백파이프가 등장한다. 승승장구하던 독일군의 기세를 꺾고 유럽 탈환의 시발점이 된 노르망디 상륙작전에서의 일이다. 1944년 6월 6일 연합군은 나치 독일이 점령한 프랑스의 북부 해안에 상륙작전을 시행한다. 그중 소드 해변에 상륙하려 했던 연합군은 독일군의 포화 때문에 쉽사리 바다에 발을 들이지 못했다. 그때 빌 밀린(Bill Millin, 1922~2010)이라는 연주자가 백파이프를 불며 돌진했다. 다른 연합군 병사들도 그를 따라 육지로 상륙했고, 연합군은 상륙작전을 성공시킬 수 있었다. 독일군 저격수들은 빌 밀린이 미쳤다고 생각해서 그를 쏘지 않았다고 한다.

백파이프를 연주하는 빌 밀린(1944)

　　스코틀랜드인들은 역사 속에서 백파이프와 함께 투쟁해왔
다. 스코틀랜드의 군인들은 수많은 전투에서 용맹함을 입증했
고, 그 선두에는 백파이프 연주자들이 있었다. 그들에게 백파
이프는 단순한 악기가 아닌 스코틀랜드의 정신과 정체성을 나
타내는 상징인 것이다.

참고 자료

「전장의 백파이프 승리를 연주하다」(윤동일 글, 《국방일보》, 2016.10.04) / 「추위와 기근
이 부른 스코틀랜드 독립전쟁」(반기성 글, 《사이언스타임즈》, 2010.10.05) / 백파이프, 네
이버 악기백과 / 백파이프의 역사, 네이버 악기백과 / You'll Never Walk Alone, 위키백과
/ Bagpipes, 위키백과 / Daniel Laidlaw, 위키백과 / Bill Millin, 위키백과

# 노래의 길이가
# 3분에서 5분 사이에
# 맞춰진 까닭

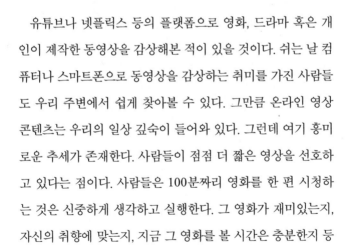

LIVING CULTURE 39

반전이 있는 예술과 패션

유튜브나 넷플릭스 등의 플랫폼으로 영화, 드라마 혹은 개인이 제작한 동영상을 감상해본 적이 있을 것이다. 쉬는 날 컴퓨터나 스마트폰으로 동영상을 감상하는 취미를 가진 사람들도 우리 주변에서 쉽게 찾아볼 수 있다. 그만큼 온라인 영상 콘텐츠는 우리의 일상 깊숙이 들어와 있다. 그런데 여기 흥미로운 추세가 존재한다. 사람들이 점점 더 짧은 영상을 선호하고 있다는 점이다. 사람들은 100분짜리 영화를 한 편 시청하는 것은 신중하게 생각하고 실행한다. 그 영화가 재미있는지, 자신의 취향에 맞는지, 지금 그 영화를 볼 시간은 충분한지 등을 모두 고려한 뒤에야 시청을 시작한다. 반면 유튜브의 10분 짜리 짧은 영상은 제목이나 섬네일이 흥미를 끄는 순간 부담 없이 클릭한다. 짧은 동영상을 여러 편 시청하여 결과적으로는 영화 한 편을 보는 데 필요한 것보다 많은 시간을 영상 시청에 소모하게 되는 경우도 자주 일어난다. 이러한 소비자들의 소비 성향을 만족시키기 위해 최근 유튜브에서는 'Shorts'라는 1분 내외의 아주 짧은 영상을 모아서 보여주는 기능을 추가하기도 했다. 소비자들의 콘텐츠 소비 경향이 점점 더 짧고 가벼운 쪽으로 변화하고 있다고 볼 수 있다. 이러한 추세는 비단 동영상만이 아니다. 영상 콘텐츠가 보편화되기 이전부터 많은 사람이 소비하던 음악도 점점 짧아지고 있다.

최근 전 세계적으로 엄청난 성공가도를 달리며 K-POP을 널리 알리고 있는 그룹이 있다. 미국의 빌보드, 영국의 오피셜, 일본의 오리콘 등 세계 여러 음반 차트의 정상에 오르며 현재 세계에서 가장 성공한 보이 밴드로 불리는 그룹 BTS가 그 주인공이다. BTS가 2021년 5월에 발표한 곡 〈Butter〉는 공개되자마자 국내외 음악 차트의 정상을 차지하며 엄청나게 흥행했다. 빌보드 Hot 100 차트에서 7주 연속으로 1위를 차지했고, 유튜브에 공개된 뮤직비디오는 77일 만에 5억 뷰를 돌파하며 절정의 인기를 구가했다. 이 곡의 러닝타임은 2분 44초다. 최근 발표되는 노래들이 일반적으로 3분대의 길이를 가지는 것에 비하면 꽤 짧은 편이라 할 수 있다. 이는 BTS의 데뷔곡인 2013년 곡 〈No More Dream〉의 3분 41초와 비교해도 약 1분 정도가 짧다.

물론 BTS의 곡 한두 개로 요즘 노래들이 점점 짧아진다고 일반화할 수는 없다. 국내의 한 음원사이트가 인기 순위 100위까지의 곡들을 뽑아 평균 재생 시간을 조사했는데 1998년은 평균 4분 14초, 2008년은 평균 3분 52초, 2018년은 평균 3분 49초라는 결과가 나왔다. 20년의 시간 동안 곡들의 길이가 평균적으로 25초 정도 짧아진 것이다. 노래가 짧아지는 것은 우리나라만의 현상은 아니다. 미국의 한 경제지에서 빌보드 차트 상위 100곡의 길이를 조사했는데, 2013년에는 약 3분 50초였던 평균 길이가 2018년에는 약 3분 30초로 줄어들었다는 결과를 얻었다. 5년 사이에 약 20초가 짧아진 것이다.

전문가들의 분석에 의하면 이러한 현상은 스트리밍 서비스가 주요 원인이라고 한다. 스트리밍 사이트들은 소비자들이 노래를 들으면 창작자에게 저작권료를 지급하는데, 그 기준이 되는 것이 노래가 재생된 시간이 아니라 노래의 재생 횟수다. 따라서 창작자 입장에서 노래가 길 필요가 없는 것이다. 그뿐 아니라 오늘날 소비자들이 점점 더 짧은 콘텐츠를 선호한다는 점도 노래가 짧아지는 데 큰 영향을 미쳤다고 볼 수 있다.

시간이 흐르며 노래의 길이가 점점 짧아지고 있는 것이 사실이지만, 다른 관점으로 바라보면 대중가요가 하나의 문화로 자리잡은 지 수십 년이 흘렀는데 그동안 발표된 수많은 곡이 대부분 3분에서 5분 정도의 길이를 가지고 있었다는 뜻이 된다. 마치 누군가가 노래 길이를 이 정도로 맞추라고 기준을 정해놓은 것처럼 말이다. 이러한 현상을 설명하기 위해서는 19세기 레코드판이 발명된 때로 거슬러 올라가야 한다. 1887년 독일계 미국인 발명가 에밀 베를리너(Emile Berliner, 1851~1929)는 SP(Standard Playing Record)라 불리는 레코드판을 개발한다. 78회전반(78rpm Record)이라고도 불리는 이 초창기 레코드판은 한 면에 약 4분 정도의 녹음이 가능했다. 이 레코드판은 녹음이 가능한 시간도 짧고 충격에 쉽게 깨진다는 단점이 있었지만, 대량생산이 가능하다는 장점 덕분에 널리 보급될 수 있었다. 레코드판의 한 면에 최대 4분까지밖에 녹음이 되지 않으니 자연스럽게 노래의 길이가 4분을 넘지 못하게 되었다. 당시 레코드판에 녹음하기 위해 4분 정도의 길이로 노래를 만들던 관습이 오늘날까지 이어져 온 것이다.

또 다른 원인으로 라디오를 꼽기도 한다. 20세기에 라디오는 사람들이 음악을 주로 접하는 창구였다. 그러나 당연하게

자신이 발명한 축음기와 레코드판을 작동시키는 에밀 베를리너

도 라디오의 방송 시간은 한계가 있었고, 제한된 시간 안에서 노래와 광고 등을 모두 방송하기 위해 방송사는 긴 노래보다 짧은 노래를 더 선호하게 되었다.

오늘날 우주왕복선 로켓의 너비는 말 두 마리의 엉덩이 폭에서 결정되었다고 한다. 고대 로마시대의 가도는 말 두 마리가 끄는 마차의 폭에 맞춰져 있다. 이 로마시대 가도는 산업시대 이후 열차 선로의 너비를 결정하는 기준이 되었고, 오늘날 우주로 쏘아 올리는 로켓은 열차로 운반이 되기 때문에 로켓의 폭은 열차 선로의 너비를 크게 벗어나지 못하게 된 것이다.

이와 비슷한 맥락으로 4분 정도만 녹음이 가능했던 초기 레코드판이 오늘날 노래의 길이를 결정한 것이다. 아주 사소한 일일 수 있는 한 곡의 노래 시간이지만, 거기에도 분명한 이유가 있었다.

<u>참고 자료</u>

「왜 대중음악의 곡 길이는 대부분 4분 안팎일까」(《동아사이언스》, 2020.06.20) / 「한 곡 평균 3분 49초… 요즘 노래 짧아진 건 스트리밍 때문?」(송광호 글, 《연합뉴스》, 2019.02.11) / 「우주왕복선 로켓 너비가 말 두 마리 엉덩이 폭인 까닭」(백승재 글, 《조선일보》, 2009.03.28) / 에밀 베를리너와 초기 디스크 축음기(그라모폰), 국립중앙과학관-축음기 / Emile Berliner, 위키백과 / 표준시간 음반, 위키백과 / SP레코드, 두산백과

# 화투 속 그림들의 정체

　코로나19 바이러스로 인해 야외 활동이 제한되면서 사람들은 실내에서 할 수 있는 취미를 찾기 시작했다. 자연스럽게 관련 업종이 호황을 맞이했는데 대표적인 것이 넷플릭스와 같은 OTT(Over The Top)업계와 PC, 비디오게임을 아우르는 게임업계다. 마리오, 포켓몬스터 등 강력한 IP(Intellectual Property: 지식재산권)를 소유하고 있어 세계적으로 엄청난 인기를 가진 닌텐도도 예외가 아니었다. 전 세계적인 성공에 비하면 우리나라에서는 유독 판매량이 적어 마니아들의 취미로 여겨지던 닌텐도였지만, 2020년 코로나 사태와 맞물리며 닌텐도사의 게임

기 '닌텐도 스위치'의 수요가 폭등한다. 당시 닌텐도 스위치의 공급량이 부족해 정가보다 비싸게 웃돈을 얹어줘야만 구매가 가능할 정도였다. 이렇게 이름을 널리 알린 닌텐도지만 닌텐도사의 시작이 비디오게임이 아니라 화투였다는 사실을 아는 사람은 많지 않다.

한국인에게 화투는 낯선 물건이 아니다. 명절날 친척들이 모인 자리에서 화투를 치기도 하고, 컴퓨터와 스마트폰에서도 화투를 기반으로 하는 게임들을 쉽게 찾아볼 수 있으며 드라마나 영화에도 종종 등장한다. 화투의 원형은 일본의 카드게임 하나후다(花札)이다. 화투는 조선 말기인 19세기 말 조선을 왕래하던 일본 대마도(쓰시마섬) 상인들로부터 넘어온 것으로, 이후 빠르게 전파되면서 우리나라 실정에 맞게 일부 변형되어 정착되었다.

하나후다의 시작은 16세기로 당시 일본은 포르투갈과 무역을 하고 있었는데 이 과정에서 트럼프 카드가 일본에 전해진다. 그 후 일본에서 트럼프 카드를 이용한 도박이 성행하자 일본 정부는 사행성을 이유로 트럼프 카드를 금지시킨다. 사람들은 금지령을 피하기 위해 카드의 모양을 변형시키기 시작했고 시간이 흐르며 계속해서 변화해 하나후다의 원형이 되었다. 하나후다를 오늘날과 유사한 디자인으로 만들어 사업을 시작한 사람이 있다. 공예가 출신으로 그림 실력과 손재주가 뛰어났던 사업가 야마우치 후사지로(山内房治郎, 1859~1940)가 그 주인공이다. 그는 카드놀이의 사업성을 보고 1889년 '닌텐도 곳파이(任天堂骨牌)'라는 회사를 세워 직접 그림을 그린 하나후다를 만들어서 판매하는 사업을 시작한다. 여기서 곳파이는 카드를 뜻하는 포르투갈어 카르타(carta)에서 온 가루타라는 말이 한자어로 도입되면서 '가류다(歌留多)', '곳파이(骨牌)' 등으로 불렸다. 오늘날 마리오와 포켓몬스터 등으로 유명한 게임 회사 닌텐도의 시작은 카드게임이었던 것이다.

닌텐도 곳파이에서 판매하던 하나후다는 곧 한국으로 전해져 오늘날 우리에게 익숙한 화투가 되었다. 화투는 1년 열두 달을 상징하는 카드가 각 4장씩 엮여 총 48장으로 구성되어 있다. 각각의 카드에는 해당하는 달을 상징하는 그림이 그려져 있고 각각의 스토리도 존재한다. 화투 그림의 각 달별 명칭을 살펴보면 1월은 송학(솔), 2월은 매화(매조), 3월은 벚꽃, 4월은 흑싸리(등나무), 5월은 난초, 6월은 모란, 7월이 홍싸리, 8월은 공산명월, 9월은 국화, 10월은 단풍, 11월은 오동, 12월은 비(雨)다.

먼저 1월을 상징하는 카드를 보면 '송학'이라는 이름에 걸맞게 카드에는 공통적으로 소나무가 그려져 있고, 학이 그려진 카드도 있다. 그런데 화투 패를 본 경험이 있다면 의문이 생긴다. 우리나라의 송학 화투 패를 보면 검은색 산만 보이고 소나무가 보이지 않기 때문이다. 사실 일본의 하나후다를 보면 초록색으로 그려진 소나무를 확인할 수 있다. 일본에서는 새해가 되면 대나무와 소나무로 만든 '카도마츠'라는 장식을 집 앞에 두는 문화가 있다. 그렇기에 1월을 상징하는 카드에 소나무가 그려진 것이다. 그런데 하나후다가 우리나라에 정착하는

우리나라의 송학 화투 패. 소나무가 검은색이어서 나무처럼 보이지 않는다.

일본의 송학 카드. 초록색으로 표현된 소나무를 볼 수 있다.

과정에서 카드의 인쇄를 쉽게 하기 위해 또는 짙은 왜색을 지운다는 등의 이유로 형태가 조금씩 바뀌었다. 송학 화투 패에서 검은색 산처럼 보이는 것은 사실 검게 칠해진 소나무다. 같은 이유로 알아보기 어렵게 변형된 화투 패가 또 있다. 4월을 상징하는 '흑싸리'다. 검은색의 이상하게 생긴 풀이 위로 자란 그림이 그려진 카드인데, 원래 그림은 초록색 잎사귀를 늘어뜨린 등나무의 모습을 나타낸 것이다. 잎의 색이 검은색이 되고 위아래까지 바뀌면서 정체를 알아보기 어렵게 변해버렸다.

12월을 상징하는 '비(雨)' 카드에는 재미있는 일화가 담겨있다. 비 카드에는 독특한 그림의 카드가 하나 존재한다. 우산을 쓴 남자와 개구리가 그려진 카드인데 이 그림의 주인공은 일본의 유명 서예가인 '오노 도후(小野道風, 894~964)'다. 오노 도후는 어려서부터 서예에 재능을 보여 글씨를 배웠다. 그러나 오노 도후가 아무리 글을 잘 써도 스승은 그를 칭찬해주지 않았다. 칭찬에 인색한 스승과 쉬이 늘지 않는 자신의 실력에 지친 그는 붓을 꺾고 떠나기로 결심한다. 비가 부슬부슬 내리는 날 스승의 곁을 떠나 집으로 향하던 그는 불어난 물에 휩쓸릴 듯한 개구리를 발견한다. 개구리는 버드나무 가지 위로 뛰어오르려 안간힘을 썼지만 계속해서 실패했다. 하지만 개구리는 포기하지 않았고 마침내 가지 위로 올라가는 데 성공한다.

우리나라의 흑싸리 화투 패

오노 도후 일화가 그려진 일본 비 카드

그 모습을 본 오노 도후는 쉽게 포기해버린 자신을 반성하고 다시 돌아가 서예에 매진하게 된다. 힘들 때마다 그 개구리를 생각하며 끊임없이 노력한 그는 이후 일본을 대표하는 명필이 되어 독자적인 서체를 완성한다. 단 한 장의 화투에 유명인의 교훈적인 인생을 그려낸 것이다.

화투에는 일본의 문화와 이야기가 녹아 있다. 일본이라는 나라의 특색을 잘 담아낸 그들의 전통 놀이다. 그런데 아이러 니하게도 정작 일본에서 하나후다를 즐기는 사람은 매우 드물다. 오히려 일제강점기 이후 생활 속에 남아 있는 왜색을 지우려 노력했던 우리나라에서 화투라는 이름으로 오늘날까지 널리 퍼져 있다는 점이 흥미롭다. 이처럼 '문화'란 인위적으로 없앨 수도 퍼뜨릴 수도 없는 것이 아닐까.

참고 자료

「명절에 재미 삼아 하는 화투, '일본놀이'냐 '한국놀이'냐」(이복진 글, 《세계일보》, 2019.09.12) / 「화투의 탄생」(김시덕 글, 《경향신문》, 2016.06.17) / 「오노 도후」(《중소기업뉴스》, 2010.12.13) / 「화투의 탄생」(송병식 글, 《제주일보》, 2009.10.13) / 화투, 위키백과 / Hanafuda, 위키백과 / 화투, 한국민족대백과사전

LIVING CULTURE

5

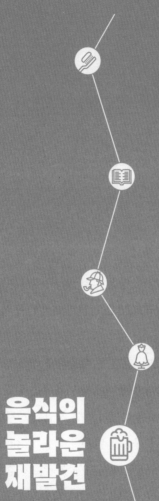

음식의
놀라운
재발견

# 위대한 철학자가
# 사랑한 음식, 매미

2013년 개봉해 흥행한 영화 〈설국열차〉에서는 꼬리 칸에 있는 사람들이 바퀴벌레로 만든 단백질 블록을 주식으로 먹는다. 이 단백질 블록은 짙은 갈색에 직사각형 모양과 부드러운 식감이 다디단 간식거리 '양갱'을 떠올리게 해서 덩달아 양갱도 주목을 받았다. 그리고 관객에게 미래에는 인간이 곤충으로 만든 음식을 먹는 것은 아닌가 하는 불안한 생각을 하게 만들었다. 하지만 인간이 곤충을 먹거나 곤충 가공식품을 먹는 것은 결코 미래에 일어날 일이 아니다. 지금도 곤충 관련 식품을 먹고 있을 뿐 아니라 과거에도 이미 식용 곤충을 먹었다고 하니 어떻게 된 일인지 알아보자.

곤충이라고 하면 징그럽다는 생각이 먼저 떠오른다. 더구나 이런 곤충을 먹는다고 하면 얼굴부터 찌푸린다. 하지만 우리는 이미 곤충을 먹어왔다. 누에고치에서 나온 번데기는 먹을 것이 충분하지 않았을 때부터 훌륭한 단백질 보충원이었고 지금도 길거리에서 간식으로 팔기도 한다. 가을에는 황금빛 벼가 출렁이는 논에서 메뚜기를 잡았는데, 이것 역시 볶으면 고소한 맛이 나서 과자처럼 먹었으며 먹을 것이 많지 않던 시절에 단백질을 공급해주었다.

인간은 곤충을 언제부터 먹었을까? 로마시대의 자연학자 플리니우스(Gaius Plinus Secundus, 23~79)가 저술한 『박물지(Historia Naturalis)』에는 "로마 귀족은 밀가루와 포도주로 기른 딱정벌레 애벌레를 즐겨 먹었다"라는 기록이 있는데, 이로써 그전부터 이미 인간이 곤충을 먹었다는 것을 알 수 있다. 동물이 벌레를 먹고 아무렇지도 않은 것을 본 인간이 동물을 따라서 벌레를 먹었을 것이다.

다양한 식재료로 유명한 중국에서도 곤충을 먹은 역사는 3000년이 넘는다. 중국 명나라 때의 본초학자 이시진(李時珍, 1518~1593)이 엮어 펴낸 『본초강목』에는 곤충 106종과 그 약효가 적혀 있다. 그리스에서는 특별한 날이면 매미를 먹었는데 매미를 이용한 요리가 고급 음식이었기 때문이다. 그래서 고대 그리스의 철학자 아리스토텔레스(Aristoteles, BC 384~BC 322)는 알이 꽉 찬 암컷 매미가 맛있다고 극찬했다. 기독교의 경전인 〈성경〉 레위기 11장 22절에는 메뚜기, 방아깨비, 귀뚜라미 등이 먹을 수 있는 곤충이라는 기록이 있다. 이렇듯 예부터 여러 나라에서 곤충을 먹어왔으며 지금도 전 세계에서 곤충을 먹는 사람이 많이 있다.

여러 곤충 가운데 인간이 가장 많이 먹는 곤충은 무엇일까? 그것은 메뚜기, 귀뚜라미, 딱정벌레의 애벌레 또는 성충과 나비, 나방의 유충 그리고 날개 달린 흰개미, 꿀벌, 말벌, 개미의 애벌레와 매미 등이다. 남미 일부 지역에서는 잎꾼개미의 배 부위를 구워서 팝콘처럼 먹으며 동남아시아 국가에서는 거미를, 중국 남부에서는 전갈을 길러 먹는다.

우리나라에서도 앞서 말한 메뚜기뿐 아니라 잔칫상에 개미의 알을 올렸으며 수라상에도 매미와 벌을 이용해 만든 요리가 올라갔다. 하지만 우리나라에서는 곤충을 식용보다는 약용으로 많이 썼다. 조선 중기의 의학자 허준(許浚, 1539~1615)이 편찬한 『동의보감』의 「탕액편」 충부(蟲部)에는 95종의 약용 곤충을 소개해놓았다. 약용 곤충은 종류에 따라 껍질이나 살점, 발, 다리, 오줌 등 여러 부위와 배설물을 병을 치료하거나 건강을 지키는 데 사용했다.

유엔식량농업기구(FAO)에서는 인류가 먹는 곤충이 1,700여 종에 이를 것으로 보면서 식용 곤충을 미래 식량난에 대비할 수 있는 '작은 가축'으로 정의한다. 왜 국제기구에서까지 곤충을 미래 식량으로 여길까? 식용 곤충은 단백질이 풍부하고 비타민과 불포화지방산 등 영양소가 많을 뿐 아니라, 맛도 좋아서 미래 식량난을 해결해줄 대안으로 여겨지기 때문이다. 또한 곤충은 가축보다 식물을 단백질로 변환하는 효율이 높다.

이렇듯 식용 곤충이 인간에게 여러모로 쓸모가 있다 보니 곤충 관련 행사도 세계 곳곳에서 열렸다. 2008년 유엔식량농업기구에서 연 국제 워크숍의 주제는 '식량으로서의 산림 곤충: 이제는 인간이 깨물 차례'였다. 또한 이 기구에서는 식량이 부족해 어린이 40퍼센트가 영양실조에 걸린 라오스에서 식용 곤충 시범사업을 벌이고 있다. 네덜란드 바헤닝언대학에서는 2020년 '인간 소비를 위한 지속 가능한 곤충 단백질 생산'을 목표로 '수프로2(SUPRO2)'라는 프로젝트를 시작했다. 우리나라에서는 메뚜기, 백강잠(회색빛이 도는 죽은 누에), 식용 누에 번데기, 갈색거저리 유충(밀웜), 쌍별귀뚜라미, 흰점박이 꽃무지 유충(굼벵이), 장수풍뎅이 유충, 아메리카 왕거저리 유충 등 8종이 식용 가능한데 이들을 이용한 상품도 시중에서

방콕의 한 시장에서 파는 다양한 식용 곤충들

판매하고 있다.

최근 미국 동부 전역에 나타난 매미 수십억 마리가 다양한 요리로 만들어져 미식가들의 식탁에 올랐다. 브루드 10(빨간 눈을 가진 매미)이라는 17년 주기 매미(17년을 주기로 하여 대량으로 나타나는 매미)가 떼로 날아온 것인데 사람들은 이 매미를 재료로 샐러드, 초콜릿, 라면, 피자는 물론 튀김과 초밥 등을 만들었다.

아무리 매미가 고단백, 저지방, 저탄수화물 영양 식품이라고 해도 매미 모양이 그대로 보이는 샐러드라니 낯설고 이질

감이 느껴져 쉽게 손이 갈 것 같지 않다. 그래서 곤충을 동결 건조해서 가루로 만든 다음 쿠키, 에너지바, 파스타, 젤리, 셰이크, 다식 등에 원료로 사용한다. 어느 날 마트에 가서 집어 든 과자의 원료에 곤충 이름이 들어 있어도 놀라지 말자. 곤충은 영양 면에서나 환경적으로 인간에게 훨씬 유익하다고 하니 말이다.

참고 자료

「알고 보니 고단백 식품… 식용 곤충, 미래의 식량 될까」(《국민일보》, 2019.06.15) / 「접시에 담긴 곤충들, 식용 곤충의 미래」(식품의약품안전처) / 「'작은 가축' 곤충이 밥상의 미래다」(《한겨레》, 2010.08.06) / 「바이든 순방 전세기까지 멈춰 세운 '이것', 미국이 난리 났다」(《오마이뉴스》, 2021.07.28) / 동의보감, 두산백과

# 중세 유럽사를 바꾼
# 어류 '청어'

값 싸고 맛도 좋아 어릴 적 식탁에 자주 오른 생선이 있다. 질 좋은 단백질과 오메가 3 지방산인 EPA(Eicosapentaenoic Acid), DHA(Docosa Hexaenoic Acid) 등이 풍부해 많이 먹으면 머리가 좋아진다는 등푸른생선이다. 대표적인 등푸른생선에는 고등어, 꽁치, 삼치, 청어, 참치, 정어리, 전갱이 등이 있는데 이들은 등은 푸르고 배 부분은 흰색이다. 새 떼가 위에서 내려다볼 때는 등이 바다색과 비슷하게 보이도록 푸른빛을 띠고, 바닷속에서 포식자가 올려다볼 때는 배 부분이 물의 표면과 비슷하게 보이도록 흰빛이 나게 진화한 것으로 일종의 보호색이

다. 등푸른생선 가운데 청어는 고등어보다 살은 적고 잔가시
는 많아서 별로 환영받지 못했는데, 이 청어 때문에 중세 유럽
사가 바뀌었다. 무슨 사연이 있는지 청어 이야기 속으로 들어
가보자.

청어(靑魚)라는 명칭은 몸 빛깔이 청색이라 붙여진 이름이
다. 우리 선조들이 청어를 등푸른생선의 대표라고 여겨 이름
에 푸를 청(靑)자를 붙인 것이다. 이 청어가 유럽에서 스타가
된 적이 있다. 중세에는 사람이 육류를 먹으면 성욕이 불같이
일어나 죄를 짓게 된다고 여겼다. 그래서 기독교에서는 1년 중
거의 절반을 '단식일'로 정해놓고 엄격히 지키게 했다. 하지만
인간이 6개월 가까이 아무것도 먹지 않으면서 살 수는 없기에
단식하는 날에도 무엇인가를 먹게 했다. '뜨거운 고기'라고 하

청어

는 육류와 달리 '차가운 고기'라고 하는 생선이 그것이다. 생선을 먹을 수 있는 단식일이 생선을 먹어야 하는 '피시 데이(Fish Day)'로 바뀌면서 엄청난 양의 생선이 필요해졌다. 그러자 이때 많이 잡히고 맛도 있던 청어가 대안으로 떠올랐다.

청어는 조선시대에도 값싸고 친숙하며 맛있는 생선으로 인기가 있었을 뿐 아니라 산업적 가치도 높아서 연안 어디서나 잡아들였다. 임진왜란 때 이순신(李舜臣, 1545~1598) 장군은 군사를 동원해 청어를 수십만 마리 잡아서 군사와 피란민들의 식량으로 썼다고 한다. 조선 후기에 활동했던 실학자 성해응(成海應, 1760~1839)은 우리 바다로 밀려오는 청어를 묘사하면서 "이른바 청어라고 하는 것은 무리를 이루어 바다를 덮고 이르는데, 사람이 능히 배를 버리고 그 위에 설 수 있다"라고 했다. 얼마나 많은 청어 떼가 바다를 덮었으면 그 위에 사람이 서 있을 수 있단 말인가. 당시에는 청어가 흔하디 흔한 생선이었나 보다.

그런데 청어에게는 일정 시기마다 떼를 지어 회유(回游: 물고기가 알을 낳거나 먹이를 찾으려고 계절을 따라 정기적으로 떼 지어 옮겨 다니는 일)하는 성질이 있다. 청어가 언제, 어떻게 회유해서 이동 경로를 바꾸는지는 알 수 없지만 청어의 이동 방향에 따라 지역 경제는 물론 나라 경제가 큰 영향을 받았다. 대표적인 예로 13세기 발트해 연안 도시 뤼벡(독일)의 상인들은 청어가 떼로 몰려드는 바람에 큰 부를 거머쥐었다. 뤼벡의 상인들은 피시 데이 덕에 청어 시장 규모가 급속히 커지자 함부르크(독일)와 동맹까지 맺었는데, 이것이 역사적으로 유명한 한자동맹의 기원이 되었다. 한자동맹은 북부 독일 도시들과 외국에 있는 독일 상업 집단이 서로 교역의 이익을 지키려고 창설했는데 규모가 점점 커져 수십 개 도시가 참여하는 거대 조직이 되면서 유럽의 경제 패권을 장악했다. 이 동맹은 200년 가까이 지속하다가 쇠퇴했는데, 여기에도 청어가 영향을 미쳤다. 그렇게 많이 잡히던 청어가 다른 데로 가버렸기 때문이다.

청어의 회유에 대한 기록은 우리나라에도 있다. 조선시대 『중종실록』6년 4월 정해조를 보면 서해안 위도에는 예전부터 청어가 많았는데 1506년 이후부터는 청어가 잡히지 않는다고 기록되어 있다. 조선 중기의 학자 이수광(李睟光, 1563~1628)은 『지봉유설』에서 봄철에 서남해에서 항상 다산하던 청어가 1570년(선조 3) 이후 전혀 산출되지 않는다고 했다. 조선 후기의 실학자이자 수산학자인 정약전(丁若銓, 1758~1816) 또한 『자산어보』에 청어의 회유로(回游路)를 설명해놓았다.

한자동맹의 쇠퇴까지 불러온 청어 떼는 발트해 연안을 떠나 북해 쪽으로 이동한다. 그러자 북해 연안의 작은 나라로 에스

네덜란드의 하링(청어 절임)

파냐의 지배를 받던 네덜란드는 이 청어 덕분에 유럽 최대 어업 강국으로 부상한다. 네덜란드가 엄청난 부를 바탕으로 유통과 금융 분야에서 독보적 위치를 차지하고 17세기에 유럽의 패권을 잡은 배경에는 청어가 있었다. 네덜란드 부흥의 배경에는 14세기의 어부 빌럼 뵈컬스존(Willem Beukelszoon)이 있다. 그는 작은 칼로 갓 잡은 청어의 내장과 가시를 발라내고 짠 바닷물에 절인 후 통에 보관하는 방법을 만들어냈다. 네덜란드에서는 이 방법으로 청어 산업에서 경쟁국을 물리쳤는데, 이를 두고 '암스테르담은 청어 뼈 위에 세운 도시'라는 말까지 나왔다. 하링(Haring)이라고 하는 이 청어 절임을 네덜란드에서는 지금도 먹고 있다.

청어는 여러 나라에서 다양한 요리로 식탁에 오른다. 우리에게 겨울철 별미인 과메기는 원래 청어와 꽁치를 냉동과 해동을 반복하며 바닷바람에 말려서 만들었다. 그런데 청어 어획량이 들쭉날쭉하다 보니 청어보다 꽁치를 많이 사용하게 되면서 요즘은 꽁치 과메기가 더 흔하다. 기름이 좔좔 흐르는 청어 과메기는 여전히 미식가들에게 인기가 좋다. 주로 소금에 절여 이용하는 청어알은 씹으면 오독거리는 식감이 좋아 비빔밥, 김밥, 초밥 등에 넣는다.

이렇듯 청어와 청어의 회유가 중세 유럽의 역사를 바꾸었다는 사실이 놀랍기만 하다. 만약 청어에게 회유하는 성질이 없었다면 세계의 권력 판도는 지금과 달라졌을까? 역사에 가정은 없다지만 상상해보는 것은 즐겁다.

참고 자료

『세계사를 바꾼 37가지 물고기 이야기』(오치 도시유키 지음, 사람과나무사이) / 「청어·대구, 중세 유럽 세력판도 바꾸다」(《세계일보》, 2020.05.23) / 「청어·대구 떼 따라 역사의 흐름이 바뀌었다」(《부산일보》, 2020.04.30) / 「청어, 역사 바꾼 물고기 이야기(1)」(《KAMI》, 2017.08.28) / 등푸른생선(박수현 글, 《이미지사이언스》) / 한자동맹, 두산백과 / 청어, 한국민족문화대백과

# 교황이 맥주를 축복한 이유가 맞이 없어서?

운동을 하거나 일을 해서 땀을 흘린 뒤 마시는 차가운 맥주 한 잔은 무엇과 비교할 수 없는 청량감과 시원함을 준다. 2013~2014년에 방송된 드라마 〈별에서 온 그대〉는 주인공이 치킨을 안주 삼아 맥주를 마시는 장면 하나로 중국에 '치맥' 열풍을 일으키기도 했다. 도수가 낮아서 술을 잘 못 마시는 사람도 부담 없이 마실 수 있는 맥주는 다양한 안주와 어울리며 안주 없이 마셔도 심심하지 않다. 그런데 이 맥주를 초기에는 주로 수도원에서 만들었다. 기독교에서는 술을 마시지 않는 것으로 알고 있는데 맥주를 수도원에서 만들었다니 무슨 말일

가장 대중적이고 오래된 알코올 음료인 맥주

까? 더구나 수도원이 없었으면 맥주도 존재할 수 없었다고 하니 그 이유가 무엇인지 알아보자.

싹 틔운 곡류(주로 보리)로 즙을 만든 뒤 홉(Hop)을 첨가해 발효시켜 만든 맥주는 전 세계에서 가장 대중적이고 가장 오래된 알코올 음료로 알려져 있다. 기원전 4000년경 메소포타미아의 수메르인이 처음 만들었다는 것이 정설이다. 수메르인은 곡물로 만든 빵을 부순 뒤 맥아를 넣고 물을 부어 발효시켜 맥주를 만들었다. 또 기원전 3000년경부터는 이집트 지역에서도 맥주를 생산했다.

그렇게 탄생한 맥주를 그리스인과 로마인이 유럽으로 가져갔고 중세에는 수도원에서 맥주 양조를 담당했다. 6세기 영국의 한 수도원에서 처음으로 사순절(부활절 전에 40일 동안 예수의 수난과 죽음을 기억하는 기간) 기간에 마실 수 있는 맥주를 만든 이후 수도원과 맥주는 떼려야 뗄 수 없는 관계가 되었다. 유럽의 수도원에서는 저마다 양조 기술을 보유하고 맥주를 개발해 발전시켰는데, 보리 같은 곡물로 만들어진 맥주는 영양이 풍부해서 '액체 빵'이라고도 불렸다. 8세기경에는 영국의 에일(Ale: 상면발효 방식으로 만드는 영국식 맥주의 한 종류)과 포터(Porter: 어두운 색 에일로 짐꾼들이 주로 마셔서 붙은 이름)가 만들어졌고, 10세기경부터는 맥주에 쌉쌀한 맛을 내는 홉을 넣었다.

수도원이 맥주 생산의 중심지가 되면서 맥주 판매 대금은 교회의 중요한 수입원이 되었다. 깨끗한 물을 마시기 어려운 곳에서는 물 대신 맥주를 마시기도 했기 때문이다. 수도원 맥주는 일반 맥주보다 품질이 뛰어났는데, 그 이유는 보통 사람들보다 교육 수준이 높은 수도사들이 좋은 맥주 만드는 방법을 기록해 전수할 수 있었고 맥주 재료를 아낌없이 썼기 때문이다. 그러다 보니 중세 유럽에서 최초로 맥주를 전문적으로 생산한 곳도 스위스 북부의 도시 장크트갈렌에 있는 수도원이다.

하지만 수도사들은 성직자로서 알코올을 만들고 마신다는

올라프 시모니 옌센이 그린 수도원 지하에서 맥주를 마시는 수도사(1904)

데 부담감이 있었다. 특히 중요한 종교 행사를 하는 데 술을 마시고 몸과 마음이 흐트러지는 것을 스스로 용납할 수 없었다. 그래서 교황에게 맥주를 마셔도 좋은지 답을 구하기로 하고는 맥주를 정성껏 만들어 서신과 함께 교황에게 보냈다. 그런데 한 가지 문제가 생겼다. 아무리 싱싱한 맥주라도 먼 거리를 이동하는 과정에서 상할 수밖에 없었고 교황은 이렇게 맛이 변한 맥주를 맛보게 된 것이다.

상한 맥주는 맛이 어떨까? 교황은 상해버린 맥주의 맛을 보고는 수도사들이 예수의 고통에 몸과 마음으로 참여하려고 이렇게 맛없는 음료를 마신다며 수도사들에게 사순절에 맥주를 마셔도 좋다고 허락했다. 게다가 맥주의 알코올 도수는 와인보다 낮은 5퍼센트 안팎이어서 맥주를 마셔도 몸과 마음에 크게 영향을 주지 않을 것이라고 생각했다.

맥주의 종류는 다양하지만 일반적으로는 상면발효 맥주(에일)와 하면발효 맥주(라거)로 나눈다. 상면발효 맥주는 아주 오래전부터 만들어졌으며 발효 과정에서 효모균이 맥주 위로 거품처럼 뜬다. 하면발효 맥주는 섭씨 12도 전후에서 발효하며 발효 과정에서 효모균이 바닥으로 가라앉는다. 그렇다면 흑맥주는 어떻게 만들까? 흑맥주는 맥주보리의 맥아를 까맣게 태워 어두운 빛깔이 나게 만든 것이다.

맥주는 색 못지않게 거품도 중요하다. 거품은 맥주의 산화를 억제하고 탄산가스가 새어 나가지 않게 해준다. 그래서 탄산음료의 거품과 달리 잘 꺼지지 않아야 좋은 맥주로 여겨진다. 거품이 지속되려면 적당한 단백질이 있어야 하는데 단백질이 너무 많으면 보관성이 떨어진다. 특히 맥주는 상하기 쉽고 맛도 쉽게 변질되므로 보관과 운반, 판매 과정에서 주의가 필요하다. 맥주는 보통 캔이나 병에 들어 있으면 1년 정도, 페트병에 들어 있거나 생맥주라면 6개월 정도 보관할 수 있다고 알려져 있다.

세계적으로 유명한 맥주는 영국, 독일, 네덜란드, 덴마크, 아일랜드, 미국 등에서 생산된다. 맥주를 가장 많이 소비하는 나라는 영국이며, 맥주의 원조라고 할 독일에서는 맥주를 1,000여 종이나 생산한다. 네덜란드는 하이네켄 맥주, 덴마크는 칼스버그 맥주, 아일랜드는 기네스 맥주가 유명하며, 미국은 버드와이저와 밀러, 중국은 칭다오 맥주가 유명하다. 맥주로 유명한 고장은 매해 축제를 벌여 관광객을 유치한다. 중국에서는 '칭다오 세계 맥주 축제'가, 일본 홋카이도 삿포로에서는 여름마다 '삿포로 맥주 축제'가, 체코에서는 '필스너페스트'가, 독일 뮌헨에서는 맥주 축제 중 가장 규모가 큰 '옥토버페스트'가 열린다.

참고 자료

「독일 파울라너의 대표 맥주에 이런 의미가?」(《오마이뉴스》, 2020.04.06) / 「수도원이 없었으면 맥주도 없었다」(《경향신문》, 2017.08.03) / 맥주, 네이버 그랑라루스요리백과

# 담배를 약으로
# 여긴 사람들

흡연자들은 담배가 커피와 더불어 영혼을 위로해준다고 주장한다. 반면 비흡연자들은 어디서 날아오는지도 잘 모르는 담배 연기 때문에 괴로워한다. 이렇듯 어떤 이에게는 영혼의 단짝이지만 어떤 이에게는 원수 같은 존재인 담배를 인류는 언제부터 가까이했을까? 사람들은 하나의 식물에 지나지 않던 담배를 어떻게 발견하게 되었을까?

담배는 담뱃잎을 주재료로 해서 여러 가지 첨가물을 넣어 만든 흡연 제품이다. 종류로는 살담배, 잎담배, 궐련 따위가 있는데 담배와 관련해 아메리카 원주민들에게는 전설이 하나

담배의 해악이 잘 알려지기 전에는 담배를 약으로 생각한 사람들이 있었다.

전해온다. 마음이 착하고 순수한 소녀가 못생긴 외모 탓에 한 번도 연애를 해보지 못했다. 심지어 부모에게도 사랑을 받지 못하자 다음 생에는 세상의 모든 남자와 키스하고 싶다는 말을 남기고 죽었다. 이 소녀가 죽은 자리에서 풀이 돋아났는데, 이것이 바로 '담배'라는 식물이다. 현재 전 세계 흡연율은 점점 떨어지고 있지만 아직도 많은 사람이 담배를 피우니 이 소녀는 만족했을까.

담배는 이 소녀의 전설이 있는 중앙아메리카 지역에서 이미 9세기에 잎담배 형태로 있었으며 마야인과 아즈텍인은 종교 행사를 하거나 제사를 지낼 때 담배를 피웠다.

그럼 남미에 있던 담배가 어떻게 유럽에 전해졌을까? 이탈리아의 탐험가로 서인도 항로를 발견한 크리스토퍼 콜럼버스(Christopher Columbus, 1451~1506)는 아메리카에 상륙한 뒤 원주민들이 피우던 담배를 에스파냐에 소개했고, 1558년 에스파냐 톨레도에 처음 보급되면서 유럽 전체에 전해졌다. 담배는 크림전쟁(1853~1856) 때 군대에 배급되었고, 제1차 세계대전과 제2차 세계대전을 거치면서 전 세계로 퍼져갔다.

담배는 현재 우리나라를 비롯한 많은 나라에서 몸에 해롭다고 여겨져 금연 정책의 대상이 되고 있다. 담배를 피울 수 있는 장소를 제한하고 금연 클리닉을 운영하지만 해마다 흡연으로 죽는 사람은 늘고 있다. 심근경색, 뇌졸중, 폐암으로 사망할 위험률이 흡연자가 비흡연자보다 서너 배 높기 때문이다. 그래서 우리나라에서는 금연을 유도하는 경고 문구와 함께 폐암, 후두암, 구강암, 심근경색, 뇌졸중 등의 질병 부위와 간접흡연, 임신부 흡연, 성기능장애(발기부전), 피부노화, 조기 사망을 경고하는 그림을 의무적으로 담뱃갑에 넣고 있다.

그런데 이렇게 해악을 끼치는 담배를 약으로 여긴 웃지 못할 일이 있었다. 담배는 광해군(光海君, 재위 1608~1623) 때인

1616년 우리나라에 들어왔고, 유입 5년 만에 전국으로 퍼졌다. 담배가 돈이 되자 농민들이 비옥한 땅마다 담배를 심는 바람에 식량 문제로 이어졌다. 한때는 담배가 상처를 치료하고 충치를 예방한다고도 보았다. 조선 후기 실학자 이익(李瀷, 1681~1763)이 쓴 『성호사설(星湖僿說)』을 보면 담배가 만병통치약으로 여겨져 필수품으로 대접받았음을 알 수 있다. 또 네덜란드 사람 헨드릭 하멜이 쓴 『하멜 표류기』를 보면 조선의 어린아이들은 4~5세만 되면 담배를 피운다고 했다. 하지만 이는 회충을 없애려고 약으로 흡연하는 모습을 하멜이 잘못 본 것이라는 의견도 있다.

조선에서만 담배를 약으로 여긴 것은 아니다. 프랑스의 외교관이자 학자인 장 니코(Jean Nicot, 1530~1604)는 담배가 건강에 좋다고 여겨 집 정원에 담배를 심었다. 어느 날 얼굴에 종기가 난 남자의 피부에 담뱃잎을 으깨어 올려놓았는데 우연인지 정말 효과가 있었는지 알 수 없지만 종기가 나았다. 그러자 니코는 다양한 상처 부위에 담뱃잎을 올려놓았고 그때마다 효과를 보았다. 자신감을 얻은 니코는 담배 씨앗을 프랑스 왕실에 보냈고 이를 계기로 담배 성분을 니코틴(Nicotine)이라고 부르게 되었다. 흑사병이 창궐했을 때는 담배를 피우면 흑사병 환자 옆에 있어도 병이 옮지 않는다고 생각했다. 콜레라가

담배꽃과 잎사귀. 잎사귀를 말려 담배를 만든다.

유행할 때는 담배 연기로 콜레라를 막을 수 있다고 믿었다.

　에스파냐의 의사이자 식물학자인 니콜라스 모나르데스 (Nicolas Monardes, 1493~1588) 또한 담배의 효능을 연구했다. 그는 자신이 지은 책에서 변비는 물론 간질까지 많은 질병 치료에 담배를 이용하는 방법을 설명했다. 코가 아픈 사람에게는 콧구멍에, 귀가 아픈 사람에게는 귓속에 담배 연기를 불어넣었다. 이로써 연기를 이용하는 담배 훈증은 유럽 전체로 퍼지며 인기 있는 치료법이 되었다. 하지만 19세기 초 들어 담배가 몸에 해롭다는 사실이 드러나면서 훈증 치료가 줄어들었는데, 이는 영국의 생리학자이자 외과의사인 벤저민 콜린스 브로디(Benjamin Collins Brodie, 1783~1862) 경이 니코틴이 혈액순환을 방해한다는 사실을 발견했기 때문이다.

세계적으로 담배와 관련한 에피소드가 많다. 영국의 국왕 제임스 1세(James I, 재위 1603~1625)는 세계 최초로 금연구역 지정 법안을 만들었다. 영국의 군인이자 탐험가인 월터 롤리(Walter Raleigh, 1552?~1618)는 담배를 영국에 처음 들여왔는데, 그가 담배를 피울 때 한 하인이 그의 몸에 불이 붙은 줄 알고 물을 퍼부었다고 한다. 심리학자이자 의사인 지그문트 프로이트(Sigmund Freud, 1856~1939)는 담배를 너무 좋아해서 많이 피우다가 구강암에 걸려 죽었다. 조선시대 광해군은 어른 앞에서는 담배를 피우지 못하게 했으며, 유명한 골초였던 정조는 담배가 몸에 좋다고 주장하기도 했다.

연분홍색 담배꽃을 보면 예쁘다는 생각이 먼저 든다. 그런데 담뱃잎에 인간에게 해로운 성분이 들어 있다니 아이러니하다. 특히 담배의 주성분인 니코틴은 한번 중독되면 쉽사리 벗어나지 못한다. 그런 만큼 전 세계에서 비흡연자들은 흡연자들의 씨를 말리고 싶어 하고 흡연자들은 그에 맞서 담배를 피우려고 하는데, 이는 몇 세기 동안 이어진 총성 없는 전쟁이기도 하다.

참고 자료

『지구가 평평했을 때』(그레이엄 도널드 지음, 영진닷컴) / 『담바고 문화사』(안대회 지음, 문학동네) / 『사물의 민낯 1498~2012』(김지룡·갈릴레오SNC 지음, 애플북스) / 『세계문화 사전』(강준만 지음, 인물과사상사) / 「담배, 약초에서 요초로」(《용인시민신문》, 2016.01.04) / 담배, 위키백과

# 네덜란드 사람은 모르는 더치커피의 유래

커피는 언제부터 우리 삶에서 떼려야 뗄 수 없는 음료가 되었을까? 신맛이 약간 나지만 기본 맛은 쓴맛인 커피를 사람들은 왜 그렇게 많이 마실까? 쓴맛이 나는 다른 음식은 별로 좋아하지 않으면서 말이다. 많은 사람이 하루를 커피로 시작하고 사람을 만나면 으레 마시는 음료 또한 커피다. 우리나라는 2019년 기준 커피 수입 7위 국가이고, 성인 1인당 1년에 커피를 353잔 마신다고 한다. 그러다 보니 세계 원두값이 들썩이면 덩달아 우리나라의 커피값도 뛴다. 이러한 원두는 생산지도 다양하고 가공한 음료의 종류도 많아서 무슨 커피에 어떤 특징이 있는지 다 알고 마시기가 쉽지 않다. 많은 커피 중 세계적으로는 '콜드브루'라 하고 우리나라에서는 '더치커피'로 더 많이 알려진 커피에 담긴 이야기를 알아보자.

커피는 커피나무 열매(Cherry) 속의 씨앗(생두, Green Bean)을 볶은(원두, Coffee Bean) 다음 가루를 내어 뜨거운 물로 그 성분을 우려내서 마시는 기호식품이다. 에티오피아의 산악지대에서 기원한 것으로 알려진 커피의 어원은 아랍어에서 힘을 뜻하는 카파(Caffa)다. 커피가 멀고 먼 에티오피아에서 언제 처음 우리나라에 들어왔을까? 보통 아관파천(1896) 때 고종이 커피를 처음 마신 것으로 알고 있는데, 사실은 1880년대 중반에 이미 궁중에서 커피를 마셨다고 한다. 고종은 특히 커피를 즐겨 마셨는데, 이때는 커피를 '가비차' 또는 '가배차'라 했다. 또 커피가 색이 검고 쓴맛이 나는 게 탕약(달여서 마시는 한약) 같다며 '서양의 탕국'이라는 뜻의 '양탕국'이라고도 했다.

커피는 대개 뜨거운 물에 단시간 우려내는 방식으로 만든다. 그럼 더치커피(Dutch Coffee)는 어떻게 만들까? 네덜란드풍(Dutch)의 커피라는 뜻의 더치커피는 상온에 둔 물 또는 차가운 물에 긴 시간 우려내 만드는데, 영어로는 '차가운 물에 우려낸다'는 뜻에서 콜드브루(Cold Brew)라고 한다. 그런데 커피가 찬물에 잘 우러나지 않다 보니 추출하는 데만 보통 10시간 정도 걸린다. 그래서 많은 사람은 더치커피를 '천사의 눈물'이라고도 한다. 더치커피는 오래 기다린 만큼 쓴맛이 덜하고 부드러우며 독특한 향이 있다.

더치커피는 누가 처음 만들어 마셨을까? 이름에 더치라는 말이 붙었듯이 더치커피의 원조는 네덜란드일 것 같은데, 꼭 그렇지도 않다. 더치커피는 보통 17세기 대항해시대에 네덜란드 선원들이 처음 만들어 마셨다고 알려져 있다. 네덜란드는 식민지 인도네시아에서 커피를 재배해 유럽으로 운반하는 동안 잘 상하지 않고 보관하기 쉽게 찬물로 커피를 내렸는데 이것이 오늘날 더치커피로 발전한 것이다. 실제로 더치커피는 밀폐만 잘한다면 한 달 가까이 보관할 수 있다.

하지만 이탈리아 사람들이 이태리타월을 모르듯이 네덜란드 사람들도 더치커피라는 말을 잘 모른다. 더치커피라는 이름이 일본에서 만들어졌기 때문이다. 일본에서 커피와 관련한 '스토리'를 만들어 마케팅에 이용한 것뿐이다. 일본은 1700년경 네덜란드와 교역을 시작하면서 커피를 처음 접했다. 제2차 세계대전 때 일본군은 인도네시아에서 재배되던 '로부스타(Robusta)' 커피의 쓴맛과 아린 맛을 없애고 쉽게 산화되지 않도록 찬물로 커피를 우려서 마셨는데, 이것이 더치커피가 된 것이다.

더치커피를 만드는 대표적 방법으로는 점적식(點滴式)과 침출식(浸出式) 두 가지가 있다. 점적식은 물통에서 떨어진 물방울이 커피 탱크의 분쇄된 원두에 스며들었다가 원두가 한도 이상으로 물을 머금으면서 추출된 커피가 서버로 한 방울씩 떨어지는 방식이다. 침출식은 용기에 가루 원두와 물을 넣고 10~12시간 실온에서 숙성시킨 뒤 찌꺼기를 거르고 원액을 뽑아내는 방식이다. 침출식보다 점적식으로 커피를 추출하기가 더 어렵지만 사실 맛의 차이는 거의 없다. 이 원액에 차가운 물이나 뜨거운 물을 섞어서 마시거나(더치 아메리카노) 우유를 넣어서(더치 라테) 마신다. 심지어 더치커피 원액에 맥주를 넣

점적식으로 추출하는 더치커피

어 마시는 '더치맥주'도 유행한다. 더치커피에 다양한 맛이 나는 맥주를 조합하면 그 맛이 다 다르다니 더치커피가 어디까지 변주될지 궁금하다.

더치커피에서 짚어볼 사항이 한 가지 더 있다. 사람들은 대부분 카페인이 뜨거운 물에서 잘 우러나니까 찬물로 우려내는 더치커피에는 카페인이 덜 들어 있을 것이라고 생각한다. 하지만 더치커피는 일반 커피보다 오랜 시간 우려내기 때문에 여전히 카페인이 있다. 실제로 한국소비자원에서는 시중에 유통 중인 더치커피에 일반 매장 아메리카노보다 카페인이 더 들어 있다고 밝혔다. 또 더치커피가 저온에서 장시간 추출해 숙성 등의 과정을 거쳐 유통되는만큼 다른 추출법보다 세균에 오염될 우려가 크다고 본다.

커피는 세계적으로 물 다음으로 많이 마시는 음료다. 커피를 마시면 두통을 어느 정도 해소해주고 심장질환의 위험을 줄여주며 심장마비가 일어날 확률을 낮춰준다고 한다. 하지만 카페인에 예민한 사람들은 커피를 한 잔만 마셔도 불면에 시달리게 되니 조심하는 게 좋다. 또 커피의 카페인 성분이 위산 분비를 촉진해서 위가 약한 사람은 커피를 마시면 속이 쓰릴 수 있다. 우리나라는 대부분 원두를 에티오피아나 브라질, 과테말라 등지에서 수입하지만 최근 제주 일부와 전남 지역에서

커피나무를 재배하고 있다. 상업성이 있을지는 아직 판단할
수 없지만 머지않아 국내에서 재배한 원두로 만든 커피를 마
실 수도 있겠다.

참고 자료

「박현섭의 커피 이야기(5) 커피의 눈물 '더치커피(Dutch Coffee)'」(《경남신문》,
2013.08.16) / 「'더치커피의 원조' 일본」(《이데일리》, 2016.07.03) / 『그림으로 보는 한국
사』(황은희 지음, 계림북스) / 「더치커피, 장시간 추출로 세균이…」(《MNB》, 2016.02.18) /
커피, 두산백과 / 더치커피, 두산백과

# 파국으로 몰고 가는
# 예술가의 술 '압생트'

1995년 개봉한 〈토탈 이클립스〉와 2001년 개봉한 〈물랑루즈〉에는 공통점이 하나 있다. 바로 '녹색 요정' 또는 '녹색 악마'라고 하는 초록색 술 압생트(Absinthe)가 나온다는 것이다. 압생트는 영화에서뿐 아니라 작가나 화가들과도 뗄 수 없는 관계여서 19세기를 풍미한 예술가들 옆에는 압생트가 있었다. 압생트는 어떤 술이기에 예술가들에게 영감을 주거나 또는 그들을 파국으로 몰고 가면서 예술가들의 술로 불리게 된 것일까?

19세기 후반 프랑스에서 많이 마신 압생트는 아니스(건위

제·향미료 등으로 쓰는 풀), 회향(열매로 기름을 짜거나 향신료, 약재로 쓰는 풀), 쓴쑥(향이 특이한 국화과의 풀)을 잘게 썬 다음 고농도 알코올을 넣고 그대로 두어 추출한 액을 증류해서 만들었다. 이때 증류한 술은 무색으로 투명한데 여기에 여러 허브를 넣어 녹색으로 만들었으며, 무색이나 붉은색 압생트도 있다. 압생트라는 이름은 재료로 들어가는 쓴쑥(Artemisia Absinthium)에서 유래했는데, 쓴쑥은 우리가 주변에서 흔히 보는 개똥쑥과 같은 쑥이다. 하지만 유럽 쑥은 독성이 있어서 쓴쑥 또는 향이 강해서 향쑥이라고 한다. 압생트의 알코올 도수는 40~74퍼센

압생트 잔과 각설탕이 올려진 스푼. 각설탕에 불을 붙이면 설탕이 녹으면서 초록의 압생트로 떨어진다.

트로 매우 높다.

이런 압생트가 인기 있었던 이유가 있다. 가격이 싸고 도수가 높아서 이른바 가성비가 좋기 때문이다. 특히 돈이 궁했던 예술가들이 압생트를 즐겨 마셨다. 19세기에 유럽 와이너리(포도주 양조장)를 덮친 '필록세라(Phylloxera) 해충' 때문에 와인 가격이 폭등해서 주머니가 가벼운 사람들은 와인을 마실 수 없었다. 그래서 색깔과 향이 독특하고 마시는 방법까지 보통 술과 다른 압생트가 가난한 예술가들에게 인기를 끈 것이다.

압생트는 알코올 도수가 높아 물에 희석해서 마시는데 마시는 방식이 독특하다. 희석한 압생트 잔 위에 각설탕을 올린 스푼을 놓고, 각설탕에 불을 붙여 잔 속으로 설탕이 녹아 떨어지게 한 후 마신다.

앞서 말한 영화 〈토탈 이클립스〉는 실제 연인 관계였던 위대한 시인 폴 베를렌(Paul Verlaine, 1844~1896)과 프랑스 상징주의를 대표하는 천재 시인 아르튀르 랭보(Arthur Rimbaud, 1854~1891)의 이야기를 그렸다. 이들이 함께하는 첫 술자리에서 베를렌은 압생트를 주문해서 마신다. 이때 베를렌은 이 술을 '시인의 제3의 눈'이라고 표현한다. 랭보는 압생트를 마시고 오는 취기를 '가장 우아하고 하늘하늘한 옷'이라고 했다. 이렇듯 압생트는 두 유명한 작가에게 찬양받았지만, 서로 동반자라고 여겼던 두 사람은 다툼 끝에 베를렌이 랭보에게 권총을 쏘면서 관계가 끝장나고 만다. 그리고 베를렌은 동성애를 했다는 죄목까지 더해져 2년형을 선고받았다.

압생트를 즐겨 마신 예술가들은 이 외에도 많다. 소설가 어니스트 헤밍웨이(Ernest Hemingway, 1899~1961)와 에드거 앨런 포(Edgar Allan Poe, 1809~1849), 오스카 와일드(Oscar Wilde, 1854~1900), 화가 빈센트 반 고흐(Vincent van Gogh, 1853~1890)와 앙리 드 툴루즈 로트레크(Henri de Toulouse-Lautrec, 1864~1901) 등이다. 이들은 대부분 글과 그림에서 압생트를 예찬했지만 불우하게 살다가 비참하게 죽었는데, 그 원인을 압생트가 일으킨 정신착란에서 찾기도 한다. 특히 오스카 와일드는 압생트가 보헤미안을 상징하는 술이라며 찬양했고, 고흐는 압생트에 취한 상태에서 해바라기의 노란색이 황금빛으로 빛나는 것을 본 뒤 이를 캔버스에 그려 내려고 압생트를 많이 마셨다.

19세기 말 들어 한 정신과 의사가 압생트를 만들 때 사용하는 쓴쑥에 환각과 발작을 일으키는 튜존(Thujone)이라는 테르펜 성분이 들어 있다고 발표하면서 압생트의 명성은 타격을 받는다. 게다가 1905년 스위스에서 장 랑프레라는 노동자가 살인을 저질렀는데, 그날 이 사람이 압생트를 마셨다는 것을 빌미 삼아 '압생트가 사람을 미치게 한다'는 주장까지 나왔다.

사실 살인자는 원래 알코올중독자인데도 모든 원인을 그날 두 잔밖에 마시지 않은 압생트에 돌린 것이다. 또 압생트를 계속 마시면 멍청해지고 정신력이 떨어지며 신경과민 또는 환각 등이 나타난다는 보고까지 더해졌다. 여기에 에밀 졸라(Émile Zola, 1840~1902) 같은 당대 지식인들이 압생트 근절 운동에 나서자 벨기에, 스위스, 네덜란드, 미국, 프랑스가 차례로 압생트 판매를 금지했다.

판매가 금지되자 압생트 생산도 중단되었다. 그리고 판매 금지 60여 년이 지난 1981년 압생트에 들어 있는 튜존 성분이 환각을 일으키기에는 적은 양이라는 연구 결과가 나오자 상당수 유럽 국가에서는 재료의 기준치를 명확히 하고 잘 관리한다는 조건으로 압생트를 다시 판매할 수 있게 했다.

우리나라에서는 튜존이 들어간 정통 압생트의 제조와 판매를 모두 금지했다. 그 이유는 압생트의 주원료인 쓴쑥이 식품위생법상 식품 원료의 기준에 적합하지 않았기 때문이다. 이후 식품공전(식품위생법에 따라 식품 따위의 표시 기준을 수록한 공정서)이 바뀌면서 지금은 압생트를 수입·판매할 수 있지만 그 수요는 적다.

프랑스 화가 에드가르 드가(Edgar Degas, 1834~1917)는 1875년경에 〈압생트 한 잔(Dans un café, dit aussi l'absinthe)〉이라는 그

에드가르 드가의 <압생트 한 잔>

림을 그렸다. 그림 속에는 여자와 남자가 앉아 있는데 옷을 화려하게 차려입고 모자를 쓴 여자는 축 처진 어깨로 멍하니 테이블 위에 있는 압생트 잔을 보고 있다. 그런데 그 표정만으로도 우울함과 삶의 고단함이 느껴진다.

참고 자료

「예술적인, 너무나 예술적인 압생트의 역사」(마시즘) / 「작은 녹색 병에 든 악마: 압생트의 역사」(《sciencehistory》, 2010.10.04) / 영화 <토탈 이클립스>(1995) / 압생트, 두산백과 / 압생트, 위키백과

# 여왕 덕분에 생겨난 피자
# '마르게리타'

피자를 싫어하는 사람이 있을까 싶을 정도로 피자는 햄버거와 함께 우리나라 사람들이 즐겨 먹는 음식이다. '피자는 이탈리아'라고 할 만큼 이탈리아 대표 음식이지만 오늘날에는 세계인의 요리라 할 정도로 전 세계인이 즐긴다. 피자는 종류가 워낙 다양하고 이름도 낯설어서 다 알기 어렵지만 전통 나폴리 피자는 마르게리타 피자라고 할 수 있다. 그런데 이 피자 이름은 한 나라 여왕의 이름에서 따왔다. 어떻게 여왕 이름이 피자 이름에 붙게 된 것일까?

피자(Pizza)는 밀가루를 반죽해서 만든 도(Dough) 위에 토마토소스와 모차렐라치즈를 얹어서 구운 음식이다. 취향에 따라 올리브, 고기, 살라미, 해산물, 치즈, 채소 등 토핑을 다양하게 올릴 수 있다. 이런 피자의 원조는 아주 오래전으로 고대 그리스에서는 빵에, 고대 로마에서는 얇은 밀가루 반죽에 치즈, 허브, 꿀 등을 올려 구워 먹었다는 기록이 있다. 도, 토마토, 치즈를 기본으로 하는 현재와 같은 피자는 19세기 말에 나타났다.

피자는 이탈리아에서도 나폴리를 중심으로 발전했으며 피자의 토마토 토핑도 여기서 처음 만들어졌다. 18세기 중반 나폴리에서 재배하기 시작한 크고 단맛이 깊은 토마토 종을 이용한 것이다. 토마토와 모차렐라치즈를 함께 토핑하면서 피자 맛이 훨씬 좋아졌는데, 이 피자는 당시 나폴리에서 피자 장인으로 유명한 라파엘레 에스포지토(Raffaele Esposito)가 처음 개발했다.

마르게리타 피자

1889년에 이탈리아 통일 왕국의 2대 왕인 움베르토 1세(Umberto I, 재위 1878~1900)와 부인 마르게리타 테레사 조반나(Margherita Teresa Giovanna, 1851~1926) 왕비가 나폴리를 방문했다. 왕 부부에게 특별한 음식을 제공하고 싶었던 요리사 에스포지토는 피자 토핑으로 토마토(빨강)와 바질(초록)에 모차렐라치즈(하양)를 올렸다. 삼색으로 된 이탈리아 국기를 상징하고 싶었던 것이다. 마르게리타 왕비가 이 피자를 아주 마음에 들어 하자 아예 피자 이름을 왕비 이름 그대로 마르게리타라고 했다. 에스포지토 이전에 이미 모차렐라치즈를 사용한 피

마르게리타 왕비

자가 있었다는 의견도 있지만, 삼색으로 이탈리아 국기를 상
징한 피자는 에스포지토의 아이디어였다.

마르게리타 피자는 마리나라 피자, 엑스트라 마르게리타 피
자와 함께 나폴리의 3대 피자로 지정되어 있는데 만드는 방
법도 정해져 있다. 치즈는 아펜니노산맥 남쪽 지역에서 생산
되는 모차렐라만 사용하고 크러스트는 반드시 손으로 반죽해
야 한다. 도 두께는 2센티미터 이하로 하되 가운데 부분은 0.3
센티미터 이하로 해야 한다. 토마토, 모차렐라치즈, 바질 잎만
토핑으로 사용하고 반드시 나무 화덕에서 구워야 한다. 이렇
게 해야만 마르게리타 피자로 인정된다.

이탈리아는 이런 탄생 비화가 있는 마르게리타 피자 말고
도 피자 종류가 무척 많은데 크게 나폴리식과 로마식으로 나
뉜다. 나폴리 피자(Pizza Napoletana)는 가장 기본이 되는 피자로
반죽은 밀가루, 효모, 소금만으로 하되 지방 성분은 넣지 않으
며 반드시 나무 화덕에서 굽는다. 이렇게 만든 피자는 재료의
본래 맛이 살아 있으며 식감이 좋다. 대표 피자로는 토마토,
마늘, 오레가노(허브의 일종), 엑스트라 버진 올리브오일을 토
핑으로 올린 피자 마리나라(Pizza Marinara)와 토마토, 모차렐라
디 부팔라, 바질, 엑스트라 버진 올리브오일로 만든 피자 마르
게리타(Pizza Margherita)가 있다.

로마식 피자(Pizza Romana)는 중북부 이탈리아를 대표하는 피자로 남부 나폴리식보다 토핑의 양과 종류가 다양해서 값비싼 재료로 사치스러운 피자를 만들기도 한다. 간이 피자 판매점에서 판매하는 루스티카(Pizza Rustica)나 피자 알 탈리오(Pizza al Taglio)는 직사각형 팬에 구우며 다른 피자보다 두껍다. 피자 식당(피자리아)에서는 우리가 흔히 이탈리아 피자라고 생각하는 둥근 피자가 나온다. 시칠리아 피자는 도를 반으로 접어 만든 칼초네(Calzone)가 유명한데 모양이나 만드는 법이 만두와 비슷하다.

피자는 이탈리아뿐 아니라 미국에서도 많이 먹는 음식인데, 특히 서민들이 부담 없이 한 끼 식사를 해결하는 메뉴로 인기가 높다. 19세기 말 미국으로 이민 온 이탈리아 남부 사람들이 피자를 미국에 처음 소개했는데, 이들은 빵 가게나 식료품점에서 피자를 구워 팔았다. 미국 피자는 미국인 취향에 맞게 크기가 커지고 토핑도 육류와 치즈를 중심으로 하는 등 큰 변화를 겪었다. 그중 가장 유명한 뉴욕 피자는 도가 바삭하고 테두리가 살짝 올라가 있으며 토핑도 많이 올리지 않는다. 시카고 피자는 도가 매우 두툼하고 소스와 치즈를 많이 쓰며 토핑을 다양하게 올린다. 하와이안 피자는 파인애플, 햄, 치즈, 토마토 소스를 이용해 만든다.

그럼 피자는 언제 우리나라에 첫선을 보였을까? 1972년 서울 유네스코빌딩에 피자가게가 처음 문을 열었다. 토핑도 우리 입맛에 맞게 불고기, 김치는 물론 고구마, 새우, 베이컨 등을 올린 다양한 피자가 출시되었다. 우리는 이런 피자를 주로 배달해서 먹는데 피자 박스를 열면 피자 한가운데에 플라스틱 삼발이가 있다. 피자가 박스에 달라붙지 않도록 해주는 이것은 피자 세이버(Pizza Saver)라고 한다.

피자는 대개 고지방·고열량 식품이라서 건강에 좋지 않다고 여겨진다. 하지만 피자 1인분이 피자 한 판이 아니라 한 조각이라는 사실을 아는가? 피자 1인분의 열량이 250~350칼로리이니 우리가 먹는 한 끼 식사보다 열량이 낮다. 그러니 피자가 살찌는 음식이라는 말은 맞지 않는다. 과식한다면 상황이 달라지겠지만 말이다.

참고 자료

「마르게리타 피자 유래, "우아한 이름 어디서 왔나 했더니…"」,(《이투데이》, 2013.11.06) / 「마르게리타 피자 유래 '여왕의 이름을 딴 피자!'」,(《아시아경제》, 2013.11.06) / 마르게리타 피자, 위키백과 / 피자, 네이버 세계음식명백과 / 피자, 두산백과

# 수박과 귤은
# 언제부터 먹었을까?

  과일 중에서 여름 하면 수박이, 겨울 하면 귤이 떠오른다.
이제는 계절과 상관없이 사계절 내내 맛볼 수 있기도 하고 종
류도 다양해졌다. 수박은 전통적인 줄무늬 수박 외에도 씨 없
는 수박, 겉이 새까만 흑피 수박, 속이 노란 수박, 모양이 타원
형으로 베개를 닮은 베개 수박, 1인 가구가 선호하는 작은 애
플 수박 등등이 나와 있다. 예전에는 제대로 익지 않거나 달지
않아서 반드시 삼각기둥 모양으로 떼어 내 맛을 보고 샀지만,
지금은 맛을 보지 않아도 될 만큼 대부분이 달다.

  귤 또한 종류가 많다. 전통 귤 외에 여러 품종을 교배해서

탄생한 것들로 청견, 한라봉, 천혜향, 진지향, 황금향, 레드향, 한라향 등이 있다. 하나같이 달고 신맛이 조화롭게 어우러져서 맛있는 데다가 가격도 저렴해지면서 인기를 끌고 있다. 한국농촌경제연구원(KREI)에서는 2013년부터 한국인이 선호하는 과일을 조사했는데 2013~2015년에는 수박이 계속 1위를 차지했고, 2020년에는 사과에 이어 수박이 2위 그리고 귤이 3위를 차지했다. 한국인이 이토록 좋아하는 수박과 귤은 언제부터 먹기 시작했을까? 두 과일의 과거 속으로 들어가보자.

수박은 오래전부터 인류가 먹기 시작한 과일 중 하나다. 신

수박과 귤은 한국인이 좋아하는 대표 과일이다.

석기시대 아프리카 칼라하리사막에서 수렵민족이 야생 수박을 먹기 시작했는데, 이때는 맛이 써서 요리의 재료로 넣거나 몸을 씻는 용도로 사용했다. 이후 달고 즙이 많은 오늘날과 유사한 맛의 수박이 나와 먹게 되었는데, 4000년 전 이집트 투탕카멘 등의 파라오 무덤에서 발견된 기록에 달고 맛있는 수박을 재배해서 먹었다는 내용이 있다. 이집트의 수박 재배가 그리스와 로마로 이어졌고, 동양으로는 중국에 900년경에 전래되었으며, 우리나라에는 12세기인 고려 말에 전래된 것으로 알려져 있다. 확실한 전래 시기를 알 수 있는 것은 아니고 기록에서 추정할 뿐이다. 수박은 한자로는 서과(西瓜) 또는 수과(水瓜)라고 하는데, 서쪽에서 온 오이 또는 물이 많은 오이라는 의미가 있으며 오이과에 속한다.

수박에 대한 기록은 일부 고려시대와 조선시대 서적에 많이 남아 있다. 고려 말 학자 목은 이색(李穡, 1328~1396)의 『목은시고』, 조선시대 『조선왕조실록』을 비롯해서 허균(許筠, 1569~1618)이 쓴 『도문대작』, 허준(許浚, 1539~1615)의 『동의보감』, 실학자 한치윤(韓致奫, 1765~1814)의 『해동역사』와 홍대용(洪大容, 1731~1783)의 『담헌서』, 고종 때 관료 이유원(李裕元, 1814~1888)의 『임하필기』 등에서 찾아볼 수 있다.

이 가운데 수박 전래에 대한 기록을 허균의 『도문대작』에서 볼 수 있다. 이 책은 허균이 전국을 다니며 맛본 음식과 이와 관련된 지역을 소개한 것이다. 기록을 보면 "고려 때 홍다구(洪茶丘, 1244~1291)가 처음 개성(開城)에다 심었다. …… 충주에서 나는 것이 상품인데 모양이 동과(冬瓜, 동아)처럼 생긴 것이 좋다. 원주 것이 그 다음이다"라고 나와 있다. 수박이 고려 말 홍다구가 처음 들여와 개성에 심었고 이후 전파되어 여러 곳에서 재배되었는데, 그중 충주 수박이 제일 맛있고 다음이 원주라고 설명하고 있다.

그래서 수박의 전래는 고려 말쯤으로 보고 있는데, 문제는 홍다구라는 인물이다. 이 인물로 인해 수박은 한때 금기 식품 목록에 오른다. 홍다구는 당시 원나라의 장수였지만, 집안은 고려로 본명은 홍준기다. 그의 할아버지 홍대선과 아버지 홍복원이 모두 원나라에 투항해서 홍다구는 원나라에서 태어나 성장했다. 그는 1271년에 고려로 와서 진도와 제주에서 일어난 삼별초 난을 진압하여 공을 세웠는데, 특히 삼별초에서 왕으로 추대한 왕족 승화후(承化侯) 온(溫)을 죽였다. 다시 1274년 고려에 와서 원나라의 일본 원정에 참여했는데, 배를 만드는 작업에서 혹독하게 고려인들을 다루어 원성을 샀다. 1277년에도 정동도원수가 되어 고려에 주둔했는데, 고려 장수들과 갈등을 빚으며 고려인들을 가혹하게 심문해서 비난을 받았다.

홍다구의 행적으로 보아 고려인들의 분노를 엄청 샀을 테니, 그가 가져온 수박이 아무리 맛있다고 해도 먹고 싶지 않았을 것이다. 그래서 수박은 나라를 팔아먹은 홍다구가 들여왔으니 재수 없는 과일로 취급받았고 한때 금기시까지 되었던 것이다. 또한 선비들은 홍다구가 겉은 고려인이지만 속은 원나라 사람이듯 수박이 겉과 속이 다른 것이 홍다구 같다고 해서 먹기를 꺼렸다.

고려 말 한동안 금기시되었던 수박은 원나라의 몰락과 함께 금기 식품 목록에서 곧 배제되었을 것으로 보인다. 고려 말 성리학자인 이색은 『목은시고』에 수록된 '수박을 먹다'라는 시에서 "마지막 여름이 곧 다해 가니 이제 수박(西瓜)을 먹을 때가 되었다. …… 하얀 속살은 마치 얼음 같고 푸른 껍질은 빛나는 옥 같다"라고 읊었다. 이는 당시 수박이 전국적으로 재배되었다는 것과 여름이면 수박이 생각날 만큼 보편적인 과일이었음을 알려준다.

전파 초기에 배척받았던 수박과 달리 오랫동안 귀하게 대접받은 과일이 있다. 바로 귤이다. 귤은 따뜻하고 배수가 잘되는 땅에서 자라나며, 원산지는 인도를 비롯한 아시아 동남부 지역으로 알려져 있다. 우리나라에서는 삼국시대 이전부터 재배한 것으로 보인다. 일본의 문헌인 『비후국사』에 보면 "삼한

에서 귤을 수입했다"는 기록이 있다. 그 외에『고사기』『일본
서기』에도 제주도인 상세국(桑世國)으로부터 귤을 수입했다는
기록이 있는 것으로 보아 삼국시대 전후 시기에 이미 제주도
에서는 귤을 재배한 것으로 보인다. 고려와 조선시대에는 귤
이 귀한 과일이어서 임금께 진상했다.

　고려시대 역사서인『고려사』에는 문종 6년(1052)에 탐라에
서 세공〔歲貢: 해마다 내는 공납으로 상공(常貢)을 가리킴〕으로 바쳐
오던 감귤의 양을 1백 포로 늘린다는 기록이 있고, 조선시대
의『태조실록』에는 태조 1년(1392)에 상공으로 받아오던 감귤
을 별공(別貢)으로 한다는 기록이 있다. 매해 진상하던 것이 특
별한 일이 있을 때만 진상하는 것으로 바뀐 상황을 보아 감귤
진상은 제주도민에게 크나큰 노역과 부담으로 작용했던 것
같다.

　제주도에서 귤이 올라오면 임금은 이를 축하하기 위해 성균
관 학생들에게 귤을 나누어 주고 특별 과거 시험인 황감제(黃
柑製)를 열었다. 또 새해가 되면 임금이 신하들에게 세배를 받
고 귤을 네 개씩 하사하기도 했다. 당시 귤이 얼마나 귀한 것
이기에 특별 과거 시험을 치르고 세뱃돈 대신 주었을까. 지금
으로서는 상상하기 어렵다.

　그럼 당시 귤도 오늘날 우리가 먹는 것과 같은 것이었을

까? 조선시대 귤은 작고 납작한 모양으로 당도가 높지 않아 점차 개량종에 밀려 겨우 명맥만 유지하고 있었다. 대표적인 토종귤로 청귤이 있다. 우리가 흔히 먹는 귤은 밀감이라고도 하는 개량종으로 일제강점기 때 도입된 것이다. 1911년에 프랑스인 가톨릭 신부 에밀 조제프 타케(Émile Joseph Taquet, 1873~1952)가 일본의 선교사에게 제주도가 원산지인 벚나무를 보내고 그 대가로 온주밀감(溫州蜜柑) 10여 그루를 받아 재배하면서 오늘에 이른다. 우리가 먹는 보통 귤은 온주밀감이다. 이는 중국 온주(溫州, 중국명 원저우) 지역의 귤이 일본에 전해져 온주밀감으로 불렸고, 이것이 우리나라에 들어와 귤 또는 밀감으로 불리게 된 것이다.

귤은 감귤 또는 밀감으로도 불린다. 지금은 모두 귤을 가리키는 말이 되었지만 과거에는 약간씩 달랐다. 감귤은 귤과 레몬, 유자, 오렌지까지 포함하는 과수나무로 귤도 감귤의 하나인 셈이다. 밀감은 일본에서 들여온 감을 가리키는 말로 온주밀감을 뜻하기도 한다. 따라서 밀감 역시 귤의 하나이고 감귤에 속한다.

오랜 역사를 지닌 수박과 귤도 나라의 흥망성쇠만큼 굴곡진 과거가 있었다. 목화를 들여온 문익점은 한때 원나라 편에 섰다가 관직에서 쫓겨났지만, 그로 인해 목화 재배에 성공할 수 있었고, 그 결과 많은 조선인으로부터 존경받는 인물이 되었다. 그건 목화의 위대함 때문일 것이다. 수박은 양반들이 즐기는 과일이라서 목화만큼 중요하지 않았기에 전래 초기에는 반역자 홍다구 때문에 금기 식품까지 되었고 별로 찬양받지는 못했다. 하지만 시원함과 맛으로 인해 꾸준히 즐기는 사람들이 있어 오늘날에 와서는 한국인이 좋아하는 최고의 과일이 되었다.

참고 자료

『알아두면 잘난 척하기 딱 좋은 우리 역사문화사전』(민병덕 지음, 노마드) / 「요즘 많이 먹는 귤, '족보' 따져 보니…」(《조선일보》, 2017.11.21) / 「제주 감귤 재배의 역사」(이성돈 글, 《헤드라인제주》, 2020.01.23) / 「왜 제주도에서 날까 '귤'의 역사」(이혜진 글, 《파이낸셜뉴스》, 2020.12.13) / 「여름은 수박의 계절… 수분 보충·항산화·이뇨작용」(《케미컬뉴스》, 2021.06.07) / 「수박의 유래와 건강」(최해륭 글, 《한국의약통신》, 2020.09.24) / 수박, 한식문화사전 / 「수박」(황광해의 역사 속 한식, 《동아닷컴》, 2016.07.27) / 수박, 한국민족문화대백과사전 / 「한 알의 밀알로 다시 쓰는 수박 역사」(윤건식 글, 《동양일보》, 2021.09.07) / 「귤에 대해 알아두면 더 맛있는 10가지 지식」(이해림 글, 《조선일보》, 2019.01.29)

# 소주는 원래 서민의
# 술이 아니었다

우리나라 사람들이 가장 많이 마시는 술은 소주다. 소주는 드라마와 영화 등 작품에서 서민들이 술을 마시는 장면에 빠짐없이 등장한다. 가볍게 술 한잔하고 싶은데 맥주는 배부르고 잘 취하지 않아서, 막걸리는 좀 무거운 느낌이 들어서 손이 가지 않을 때 소주가 제격이다. 영국의 한 주류전문업체에서 집계한 자료에 따르면 2020년 전 세계에서 우리나라 소주가 가장 많이 팔렸다고 한다. 우리 소주가 세계 증류주 판매 1위를 기록한 것이다. 이렇게 서민 술의 대명사로 우리나라를 넘어 세계에서 사랑받는 소주가 원래는 서민이 마시는 술이 아니었다고 하는데 그 이유가 무엇인지 알아보자.

소주는 크게 두 종류로 나뉜다. 먼저 곡물을 발효해 만든 청주를 밑술로 삼아 소주고리라는 장치로 얻는 증류식 술이 있다. 이 소주는 무색투명하고 알코올 도수가 높다. 또 하나는 당밀 등으로 만든 술을 증류기로 증류하여 주정을 만드는데, 이 주정이 95퍼센트 이상의 에틸알코올이다. 이 주정에 물과 향료를 섞어서 만든 것이 희석식 술이며, 우리가 시중에서 쉽게 구할 수 있는 녹색병 소주다.

증류식 소주는 9세기에 이슬람의 과학자 무함마드 이븐 자카리야 알라지(Muhammad ibn Zakariyā Rāzī)가 처음 발견했

우리나라 사람들이 가장 많이 마시는 술, 오늘날의 희석식 소주

조선시대 증류식 소주를 만들던 소주고리

다. 이 증류 방식의 술은 정복 전쟁을 통해 아시아에서 유럽까지 진출하여 대제국을 이룩한 몽골이 이슬람문화를 받아들일 때 같이 들어왔고, 이것이 13세기 고려에 전해졌다. 중국이나 우리나라에서는 소주를 아랄길주(阿剌吉酒)라고 했는데(개성에서는 '아락주'라고 함), 이 단어의 어원은 아라비아어 아라크(Arāk, 증류)다.

13세기에 몽골은 중국을 멸망시키고 원을 세웠으며, 고려를 굴복시켜 간접지배를 하고 있었다. 이때 몽골은 일본을 정벌하려고 고려로 병력을 보냈는데, 몽골군이 허리에 차고 다니던 가죽 주머니 안에는 도수가 높은 아라크(소주)가 들어 있었다. 이들이 원정에 성공하지 못하고 돌아간 뒤에도 고려에서는 소주를 마셨는데, 현재 우리나라에서 증류식 소주로 유명한 개성과 안동 등이 몽골군 주둔지였다. 술 역사상 가장 획기적 발명이라는 증류법은 이렇듯 몽골에 의해 여러 나라로 전파되었는데 유럽은 지역에 따라 위스키, 브랜디, 진, 보드카 등이 되었고 아시아에서는 우리나라의 증류식 소주, 중국의 백주, 일본식 소주 등이 대표적 증류주다.

그런데 한 가지 짚고 넘어갈 것이 있다. 보통 소주라고 하면 한자로 소주(燒酒)일 것이라고 생각한다. 술이니까 당연히 술 주(酒)자라고 생각하는 것이다. 하지만 소주의 상표에는 희석식 소주(燒酎)라고 되어 있다. 한자 표기가 왜 소주(燒酎)일까? 사실 소주(燒酎)는 일본식 조어다. 조선 후기까지 소주는 글자 그대로 소주(燒酒)였는데 일제강점기에 한자가 바뀌었다. 이 주(酎)자에는 세 번 빚은 술이라는 뜻이 있는데, 소주를 만들 때 두세 번 증류하는 것을 본 일본인들이 술을 세 번 빚은 것으로 잘못 해석한 결과 한자 표기도 달라진 것이다.

어쨌든 조상들이 마신 (증류식) 소주(燒酒)와 우리가 지금 마시는 (희석식) 소주(燒酎)는 한자 표기뿐 아니라 만드는 방법과 술맛 자체가 다르다. 원래 소주인 증류식 소주는 불린 쌀을 시루에 쪄서 지은 지에밥(고두밥)에 누룩(술을 빚는 데 쓰는 발효제. 쌀, 밀기울, 찐 콩 따위를 굵게 갈아 반죽하여 덩이를 만든 다음 누룩곰팡이를 번식시켜 만듦)을 넣어 며칠 동안 발효시킨 뒤 열을 가하면서 증류해 얻는다.

조선 초기에 김종서(金宗瑞, 1383~1453), 정인지(鄭麟趾, 1396~1478) 등이 세종의 교지를 받아 만든 고려의 역사책『고려사』를 보면, 고려 우왕 원년(1375) 왕이 소주라는 이름을 언급했고 당시 조정에서는 소주를 사치품으로 본 내용이 나온다. 소주는 먹기에도 부족한 곡식으로 만들어졌으니 값이 비쌀수밖에 없었을 테고, 서민들에게는 그림의 떡이었을 것이다.

그러다 보니 조선시대 왕들은 금주령을 내리거나 소주 거래를 금지하기도 했다. 『조선왕조실록』에 따르면 태종은 자기 자신은 물론 백성에게도 술을 가까이하지 못하게 했고, 세종은 술은 마시게 했지만 과음은 금지했다. 중종 때는 금주에 더해 소주를 만드는 재료 중 하나인 누룩 거래도 금지했다. 영조는 술을 마신 자를 처벌하는 것은 물론 이웃에게도 죄를 물어 금주령을 가장 엄격하게 시행했다.

비싸서 서민들은 입에도 대지 못하던 증류식 소주가 언제, 어떻게 희석식 소주로 대체되었을까? 소주는 오랜 역사 속에서 금지되기도 제한되기도 하는 우여곡절을 겪으면서 명맥을 이어왔지만 1960~1970년대에 끼니로 먹기에도 부족한 쌀이 많이 들어가는 전통주 판매를 금지하면서 대체재로 값이 싼 희석식 소주가 등장했다. 그리고 고유의 맛과 향을 자랑하던 증류식 소주는 이름마저 '소주'에서 '증류식 소주', '전통 소주'로 불리게 되었다. 값싸고 대중적인 희석식 소주에 밀려 '소주' 타이틀을 내주고 만 것이다.

하지만 인기에 힘입어 다양하게 생산되던 희석식 소주도 주류회사 통폐합으로 생산업체가 열 개 남짓만 남게 되는 변화의 물결에 휩쓸리고 만다. 한때 맥주에 밀리기도 했지만 칵테일 소주 등으로 진화하면서 다양한 소비층을 끌어들이고 있다. 전통 소주 또한 좀 더 대중화하고 알코올 도수를 낮추면서 새롭게 애주가들의 관심을 끌고 있다.

비록 과거에는 증류식 소주가 일부 상류층에서만 맛볼 수 있었던 귀한 술이었지만, 오늘날에는 누구나 맛볼 수 있는 소주가 되었다. 이제는 증류식이든 희석식이든 소주는 삶의 애한을 달래주는 보통 사람들의 술이다.

참고 자료

「조선의 왕들이 금주령을 내린 이유는?」(《한국경제》, 2016.10.03) / 「소주의 기원에 대한 이야기」(《에펨코리아》, 2019.12.06) / 「역사 속의 술 이야기, 증류주의 탄생」(《조선닷컴》, 2012.08.14) / 『사물의 민낯 1498~2012』(김지룡·갈릴레오SNC 지음, 애플북스) / 소주, 위키백과

# 죄수와 하인에게 나눠준
# 캐비어와 랍스터

세계적으로 값이 비싸고 귀한 식재료가 세 가지 있다. 흔히 세계 3대 진미로 불리는데 향이 특이하고 식감이 좋아 서양 요리에 주로 쓰이는 송로버섯(Truffle), 철갑상어의 알을 소금에 절인 캐비어(Caviar), 프랑스 고급 요리에 빠지지 않고 등장하는 거위 간 푸아그라(Foie Gras)가 바로 그것이다. 평생 한 번 먹을까 말까 하는 이런 식재료 가운데 특히 캐비어에는 알고 보면 어이가 없을 정도의 비화가 있다. 3대 식재료만큼은 아니지만 역시 비싼 식재료로 평가되는 바닷가재 랍스터(Lobster) 또한 알고 나면 웃지 못할 사연이 있다. 그것이 무엇인지 하나씩 파헤쳐보자.

바다의 보석이라고도 불리는 둥글둥글한 캐비어는 지방이 적고 비타민과 단백질이 풍부해 추운 지역인 러시아 등의 나라에서 건강식품으로 사랑을 받아왔다. 그런데 르네상스시대 이탈리아를 대표하는 인물 레오나르도 다빈치는 캐비어를 당시 가난한 사람들이 끼니를 때우려고 먹거나 식탁에서 다른 음식의 받침으로 쓰던 폴렌타(Polenta: 옥수수와 밀가루로 만든 죽 또는 이 죽을 구워 만든 것)보다 못한 음식이라고 했다.

위대한 천재 예술가 다빈치는 왜 이런 말을 했을까? 그 원인은 먼저 캐비어 맛에 있을 것 같다. 캐비어에는 특유의 풍

캐비어

306

미가 있어서 처음에는 맛이 낯설게 느껴지기 때문이다. 또 하나는 철갑상어가 번식력이 왕성하다 보니 당시 캐비어가 너무 흔한 식재료였기 때문이다. 철갑상어는 보통 한 마리가 알을 수백 킬로그램씩 낳는다. 그래서 가난한 사람들이 캐비어를 많이 먹었고 술집에서는 술을 더 많이 팔려고 짠맛이 나는 캐비어를 공짜로 주었다. 심지어는 캐비어를 돼지에게 사료로 먹이기도 했다.

하지만 이렇게 흔하던 캐비어가 귀한 대접을 받는 일이 일어난다. 러시아정교회에서 고기를 금하는 사순절에 사람들이 고기 대신 맛 좋은 철갑상어를 많이 먹다 보니 철갑상어 수가 줄어들게 되었고 당연히 캐비어도 줄어들면서 값이 올랐다. 또 하나는 19세기에 프랑스에서 캐비어 요리가 인기가 있자 캐비어 수입량을 늘리면서 공급이 부족해진 캐비어의 가격이 오른 것이다. 엎친 데 덮친 격으로 철갑상어 서식지가 수질오염으로 줄어드는 반면 인간의 수요는 더 늘면서 철갑상어 몇 종은 멸종 위기에 놓이기도 했다. 값비싼 캐비어를 포기할 수 없었던 인간은 철갑상어를 양식하면서까지 알을 얻으려고 했지만, 상어가 알을 낳으려면 8~20년은 키워야 한다니 캐비어를 값싸게 먹는 일은 영원히 일어나지 않을지도 모른다.

그럼 캐비어만큼 비싸지는 않지만 사람들이 좋아하는 식재료인 랍스터는 어떨까? 랍스터는 대서양 서안에서 잡히는 미국 랍스터와 대서양과 지중해에서 서식하는 유럽 랍스터 두 종류가 있다. 랍스터도 초기 캐비어와 마찬가지로 워낙 많이 잡혀서 17~18세기 미국에서는 가난한 사람들이 주로 랍스터를 먹었다. 그래도 남아도는 물량을 처리하기 위해 죄수에게 주거나 돼지와 염소 같은 가축의 사료, 농작물의 비료로 썼다. 죄수들은 징그럽게 생기고 맛도 별로인 랍스터를 그만 제공하라고 아우성을 칠 정도였다고 한다. 랍스터가 맛이 없었던 것은 사실 요리 방법이 잘못되었기 때문이다.

요즘 랍스터는 오븐에 굽거나 살짝 데치거나 쪄내서 랍스터

랍스터

본연의 맛과 영양이 살아 있는데, 당시 사람들은 랍스터를 물에 푹 담가 삶은 뒤 국물은 버리고 몸통만 먹었다. 이렇게 삶으면 맛을 내는 성분이 국물로 다 빠져나가 맛이 덜할 수밖에 없다. 여기에 랍스터 몸 색깔도 한몫했다. 생물 랍스터는 짙은 초록색이나 짙은 파란색이라서 사람들에게 혐오감을 주었다. 이것을 불에 익혀야 비로소 우리에게 익숙한 붉은색이 된다.

이렇게 천덕꾸러기 취급을 받던 랍스터가 일대 변신을 하면서 캐비어가 그랬던 것처럼 귀한 몸이 된다. 저열량·고단백·고칼슘 식품으로 평가받은 랍스터를 통조림으로 가공하면서 보존성이 높아진 것이다. 또 운송수단이 발달하면서 판매망이 미국 전역으로 확대되자 공급이 수요를 따라가지 못하면서 가격이 올랐다.

랍스터는 초기에 미국에서 하찮은 식재료 취급을 받았지만 16~17세기 프랑스와 네덜란드 등에서는 랍스터 요리를 고급 요리로 여겼다. 유럽에서는 랍스터를 굽거나 튀기거나 쪄서 먹었으니 랍스터 맛을 제대로 낼 수 있었던 것이다. 하지만 랍스터를 산 채로 운반하는 과정에서 비용이 발생해 재료 단가가 높아지고 덩달아 음식값도 비쌀 수밖에 없었다.

랍스터를 고를 때 한 가지 주의할 것이 있다. 많이 먹겠다고 무조건 큰 놈을 고르면 낭패를 보기 십상이다. 랍스터는 자라면서 탈피를 몇 차례 하다 보니 껍질이 무거워져 무게가 많이 나갈 뿐 속이 꽉 차서 무게가 많이 나가는 게 아니다.

랍스터를 보면 커다란 집게가 눈에 띄는데, 이 집게는 워낙 힘이 세서 사람 손가락을 두 동강 낼 정도라고 한다. 그래서 랍스터 집게에 고무줄이나 테이프를 묶어 팔기도 한다. 캐비어 또한 다 똑같은 캐비어가 아니어서 특히 벨루가(Beluga), 오세트라(Osetra), 세브루가(Sevruga)라는 철갑상어의 알이 비싸다. 캐비어도 랍스터도 지금은 크게 마음먹어야 맛볼 수 있는 음식이 되었으니 흔하디흔해서 싼값에 마음껏 먹을 수 있었던 예전이 더 좋은 시절이라 해야 할까.

참고 자료

『거의 모든 사생활의 역사』(빌 브라이슨 지음, 까치글방) / 『음식 이야기』(윤진아 지음, 살림출판사) / 「장수 물질 함유한 랍스터」(문화일보, 2017.10.31) / 캐비아(쿡쿡TV)

**EBS 알쏙비 시리즈 04**

**알면 똑똑해지는
생활문화 속 비하인드 스토리**

**1판 1쇄 발행**   2021년 11월 30일

**지은이** EBS 오디오 콘텐츠팀

**펴낸이** 김명중 | **콘텐츠기획센터장** 류재호 | **북&렉처프로젝트팀장** 유규오
**책임매니저** 전상희 | **북팀** 박혜숙, 여운성, 장효순, 최재진 | **마케팅** 김효정, 최은영

**책임편집** 노느매기 | **디자인** 서채홍 | **인쇄** 재능인쇄

**펴낸곳** 한국교육방송공사(EBS)
**출판신고** 2001년 1월 8일 제2017-000193호
**주소** 경기도 고양시 일산동구 한류월드로 281
**대표전화** 1588-1580 **홈페이지** www.ebs.co.kr
**이메일** ebsbooks@ebs.co.kr

**ISBN**  978-89-547-6000-3  04300
         978-89-547-5930-4 (세트)